Mourir pour le yuan ?

Ouvrage dirigé par
Violaine SANSON-TRICARD

DU MÊME AUTEUR

French Ordinateurs, avec Jacques Jublin,
Éditions Alain Moreau, 1976.
Histoire secrète des dossiers noirs de la gauche,
Éditions Alain Moreau, 1986.
La Crise globale : on achève bien les classes moyennes et on n'en finit pas d'enrichir les élites,
Éditions Mille et une nuits, 2008.
Prix de l'excellence économique 2009.
La Dernière Bulle : comment Wall Street a phagocyté Obama et a fabriqué une fausse reprise,
Éditions Mille et une nuits, 2009.

www.bourin-editeur.fr

Jean-Michel Quatrepoint

Mourir pour le yuan ?

Comment éviter une guerre mondiale

François Bourin Editeur

10, rue d'Uzès 75002 Paris

« Il y a deux manières de conquérir une nation.
L'une par l'épée. L'autre par la dette. »

John Adams (1735-1826),
second président des États-Unis

À Dany sans qui ce livre
n'aurait jamais vu le jour.

INTRODUCTION

D'une globalisation à l'autre

Depuis un quart de siècle, nous vivons sur un dogme. Celui de la globalisation du monde. Une globalisation inéluctable, censée apporter bonheur et prospérité au plus grand nombre. Une globalisation qui, grâce au marché, à la démocratie et à Internet, serait le stade ultime du capitalisme. Ce monde global a débouché, en septembre 2008, sur une crise... globale. Rappelez-vous, au plus fort de la panique, les États, hier voués aux gémonies, sont appelés à jouer les pompiers d'un système au bord de l'implosion. Promis, juré, on allait remettre de l'ordre. Et si l'on renflouait les banquiers, c'était pour mieux les encadrer. Haro sur les bonus des traders, les salaires démesurés des dirigeants de multinationales ! On allait voir ce que l'on allait voir. Le nouveau G 20 sauverait le monde et accoucherait de nouvelles règles du jeu. Quelque trois années après la faillite de Lehman Brothers, tout est reparti comme avant. Comme si ce qui s'était passé à Wall Street et dans le monde n'était plus qu'un mauvais rêve. Un accident, une de ces inévitables péripéties qui jalonnent l'histoire du capitalisme. La pensée dominante est toujours là. Omniprésente, elle imprègne les élites mondiales, du moins celles qui profitent pleinement de la globalisation. Le credo n'a pas varié : la libéralisation totale du commerce et de l'investissement génère la croissance économique, favorisant ainsi l'emploi et la hausse du niveau de vie de l'ensemble des agents économiques dans le monde. La compétition réduit l'inefficience, car seules les entreprises les plus rentables peuvent s'imposer. La globalisation permet aux pays et aux entreprises de bénéficier de leurs avantages comparatifs. Une globalisation dont les multinationales sont le vecteur : ne permettent-elles pas le développement des pays les plus pauvres, en allant y investir pour profiter de leurs bas coûts de main-d'œuvre ? Tous ceux qui viendraient à contester ce schéma ne seraient que des passéistes, des protectionnistes, des nationalistes. Autant de qualificatifs à la connotation péjorative, du moins parmi les élites occidentales. Car pour elles, l'idée même de globalisation est consubstantielle au libéralisme. Pour les libéraux orthodoxes, le système ne peut fonctionner efficacement que si les principes du laisser-faire et du libre-échange total sont scrupuleusement respectés. La crise que nous avons traversée ne serait donc pas due aux dérives du système, mais à notre incapacité à aller jusqu'au bout de sa logique.

Pour retrouver la voie de cette mondialisation heureuse, il faudrait donc déréglementer encore plus, laminer définitivement ce qui reste du pouvoir des politiques et des États, mettre en concurrence tous les produits, notamment agricoles, et toutes les régions du monde. Ce discours qui fleurit à nouveau n'est pas neuf. Tout comme le débat autour de la globalisation.

Il y a un peu plus d'un siècle, le monde a connu une première globalisation... qui s'est effondrée avec la Première Guerre mondiale. On trouve bien des similitudes entre ce que nous vivons depuis un bon quart de siècle et ce que nos ancêtres ont vécu. La manière dont Keynes – qui n'était pas encore keynésien – décrit cette période bénie du capitalisme en étonnera plus d'un : « *Un habitant de Londres pouvait, en dégustant son thé du matin, commander, par téléphone, les produits variés de toute la terre en telle quantité qui lui convenait, et s'attendre à les voir bientôt déposés à sa porte ; il pouvait, au même instant, et par les mêmes moyens, risquer son bien dans les ressources naturelles et les nouvelles entreprises de n'importe quelle partie du monde, et prendre part, sans effort ni souci, à leur succès et à leurs avantages espérés ; il pouvait décider d'unir la sécurité de sa fortune à la bonne foi des habitants d'une forte cité, d'un continent quelconque, que lui recommandaient sa fantaisie ou ses renseignements. Il pouvait, sur-le-champ, s'il le voulait, s'assurer des moyens confortables et bon marché d'aller dans un pays ou dans une région quelconque, sans passeport ni aucune autre formalité ; il pouvait envoyer son domestique à la banque voisine s'approvisionner d'autant de métal précieux qu'il lui conviendrait. Il pouvait alors partir dans les contrées étrangères, sans rien connaître de leur religion, de leur langue ou de leurs mœurs, portant sur lui de la richesse monnayée. Il se serait considéré comme grandement offensé et aurait été fort surpris du moindre obstacle. Mais, par-dessus tout, il estimait cet état de chose comme normal, fixe et permanent, bien que pouvant être amélioré ultérieurement. Il regardait toute infraction qui y était faite comme folle, scandaleuse et susceptible d'être évitée*[1]. »

Pour un peu, on croirait lire le portrait d'un banquier de la City d'aujourd'hui. Si ce n'est qu'Internet a remplacé le téléphone. Cette première globalisation fut l'enfant naturel de la révolution industrielle de la fin du XIXe siècle. Avec la machine à vapeur et les nouvelles sources d'énergie, les innovations foisonnent ; dans les usines, les transports. La consommation de masse s'amorce. Les distances raccourcissent. En 1830, il fallait trois semaines pour aller de New York à Chicago. Trente ans plus tard, il ne faut plus que deux jours. Le développement des chemins de fer et des nouveaux bateaux, qui se passent d'Éole, entraîne un effondrement du coût des transports. Entre 1848 et 1910, les tarifs maritimes sur l'Atlantique baissent de 70 %. C'est l'époque du canal de Suez, de Panamá. L'Angleterre, puissance dominante, berceau de la pensée libérale, met en pratique sa doctrine des avantages comparatifs. La France suit. Tout comme la jeune Allemagne. Jusqu'au Japon, contraint de s'ouvrir sous l'ère Meiji.

L'Occident va chercher les matières premières, notamment agricoles, là où elles sont. Elles sont transformées en Angleterre (les trois quarts de ses exportations sont alors des produits manufacturés), voire en France, dans des usines dont la main-d'œuvre est issue d'une paysannerie ruinée par la concurrence des productions agricoles du reste du monde. Le commerce international progresse plus vite que le PIB. Cette époque est également marquée par de

1. John Maynare Keynes, *Les Conséquences économiques de la paix*, 1919.

très importants mouvements migratoires. La Grande-Bretagne exporte ses ressortissants vers les confettis de son empire faiblement peuplé : Canada, Nouvelle-Zélande, Australie et États-Unis. La France expédie ses indésirables, ses opposants, en Algérie. Les Irlandais, les Suédois s'expatrient. Au total, quelque cinquante-cinq millions d'Européens s'installent rien que dans le Nouveau Monde. L'Amérique fait venir les Chinois pour construire ses lignes de chemin de fer. Les premières colonies italiennes s'établissent.

Ces mouvements migratoires s'accompagnent également de transferts de capitaux massifs. À partir de 1865, l'épargne anglaise, canalisée par les banques d'affaires, délaisse l'Europe pour s'investir dans les nouveaux pays exportateurs de matières premières, notamment de l'Empire. En France, les banques incitent les épargnants à prêter à la Russie, à investir aux États-Unis et au Moyen-Orient. Cette frilosité à miser sur le territoire national et ces sorties de capitaux massives sont également une des caractéristiques de la seconde globalisation[2].

Pour les historiens, cette globalisation va connaître son apogée de 1860 à 1914. Elle fait des gagnants, mais aussi des perdants. Dans le premier camp, il y a des pays comme l'Angleterre et la France, malgré la défaite de 1870. Ils seront rejoints par l'Allemagne et les États-Unis, mais aussi de jeunes pays émergents : l'Argentine, l'Australie, le Canada, la Nouvelle-Zélande, qui ont tous comme particularité d'avoir une faible population indigène et des colonies de peuplement européennes. Des classes sociales s'enrichissent

2. Lire à ce sujet Suzanne Berger, *Notre première mondialisation*, Seuil, coll. La République des Idées, 2003.

démesurément, notamment tous ceux qui œuvrent, d'une façon ou d'une autre, dans le commerce et la banque. Ainsi que les entreprises qui fabriquent les nouveaux produits manufacturés, les équipements d'infrastructure. La finance n'est pas régulée. La spéculation immobilière permet des fortunes rapides. Les scandales foisonnent.

À côté des gagnants, il y a donc aussi des perdants. À commencer par la Chine, dont l'économie occupait le premier rang mondial jusqu'à la fin du XVIIIe siècle. Une Chine qui refuse d'entrer dans cette première globalisation et de jouer le jeu que les Anglais souhaiteraient lui voir jouer. Elle fut mise à genoux par les guerres de l'opium, un événement que les Occidentaux ont gommé de leur mémoire, mais que les Chinois, eux, n'ont pas oublié. Autres victimes : l'Afrique et ses populations qui restent en déshérence. Mais aussi les petits paysans européens déracinés et transformés en ouvriers corvéables à merci. Une partie des PME de l'époque et des artisans incapables de résister à la concurrence des nouvelles industries.

Pourtant, mis à part le cas de la Chine, il n'y a pas eu de transfert massif de richesses, tel qu'on peut l'observer aujourd'hui. Les paysans étaient pauvres ; ils sont devenus des ouvriers pauvres, vendant leur force de travail. En ce sens, on peut dire que la première globalisation a effectivement créé de la valeur. Une valeur inégalement répartie, mais qui n'en constituait pas moins un accroissement de richesse global.

Enfin, cette globalisation était censée apporter la paix sur terre. En 1910, un journaliste anglais, Norman Angell, publie *The Great Illusion*, qui devint un best-seller mondial. Pour lui, dans un monde où les activités économiques sont étroitement intégrées, la guerre aurait un tel effet dévastateur pour tous qu'elle devient impossible. «*L'interdépendance vitale est le résultat quotidien de ces inventions de nos civilisations qui datent d'hier à peine. La poste rapide, la dissémination instantanée de l'information financière et commerciale par le moyen du télégraphe, et plus généralement l'incroyable accélération de la communication, qui a permis à la demi-douzaine de capitales de la chrétienté de se rapprocher sur le plan financier, les rendant plus dépendantes les unes des autres que ne l'étaient les grandes villes anglaises il n'y a même pas cent ans.*» À l'époque, il ne manquait pas de bons esprits, à gauche comme à droite, pour prédire la fin des nations, et donc la fin des guerres... grâce à l'internationalisation des échanges, des marchés et des capitaux, facilitée par les nouvelles technologies et les moyens de communication. Les tenants de la mondialisation ne se recrutaient pas seulement dans les rangs de la classe dominante, des capitalistes, mais aussi au sein de la gauche. Jean Jaurès reprenait à son compte une partie des analyses d'Angell. «*De plus en plus les intérêts se diversifient, se mobilisent, se mêlent, s'enchevêtrent ; par-dessus les frontières des races et par-dessus les frontières des douanes travaillent les grandes coopérations du capitalisme industriel et financières et les banques, les grandes banques s'installent derrière les entreprises, elles les commanditent, elles les subventionnent, et en les commanditant, en les subventionnant, elles les coordonnent, et comme elles subventionnent en même temps les succursales lointaines dans tous les pays et par-delà les mers, voilà que la puissance des banques se dresse, coordonnant les capitaux, enchevêtrant les intérêts de telle sorte qu'une seule maille de crédit déchirée à Paris, le crédit est ébranlé à Hambourg, à New York, et qu'il se fait ainsi un commencement de solidarité capitaliste, redoutable quand elle est manœuvrée par des intérêts inférieurs, mais qui, sous l'inspiration de la volonté commune des peuples, peut devenir à certaines heures une garantie pour la paix. [...] L'internationalisation de l'économie avait créé une situation dans laquelle les institutions démocratiques et la pression du mouvement ouvrier mondial pouvaient jouer en faveur de la paix*[3]. » Voilà qui n'est pas sans rappeler notre seconde globalisation. Si Ronald Reagan et Margaret Thatcher en furent les premiers hérauts, ce sont les démocrates américains avec Bill Clinton, les travaillistes britanniques avec Tony Blair, les sociaux-démocrates allemands avec Gerhard Schröder et les socialistes français qui s'en firent les champions, dans les années 1990. Toujours au nom de cette vision – angélique ? – que l'internationalisme apporte la paix, alors que le nationalisme rime avec la guerre.

On a vu ce qu'il advint des prophéties d'Angell et des autres. L'histoire bégaie, comme si les hommes étaient incapables de tirer les leçons des erreurs passées. Il est vrai que les historiens et les économistes se sont finalement assez peu penchés sur les causes de l'échec de la première globalisation. L'opinion la plus communément répandue est que la Première Guerre mondiale est un accident, un enchaînement d'événements presque imprévisibles. Ce qui évite d'avoir à réfléchir sur les raisons profondes de la Grande Guerre. Pourquoi cette internationalisation des échanges, cette prospérité des grands acteurs de

3. Discours à la Chambre des députés, 20 décembre 1911.

la mondialisation ont-elles débouché sur une telle hécatombe ? Pourquoi cette guerre impossible est-elle devenue possible ?

Les libéraux purs et durs ont – c'est la force de tous les religieux – une explication toute trouvée. S'il y a eu échec, si la guerre a éclaté, c'est tout simplement parce qu'on a vu apparaître des éléments qui ont perverti le processus. C'est la thèse défendue par un Américain, Brink Lindsey, qui a écrit, en 2005, un essai sur *The Decline and Fall of the First Global Economy*. Selon lui, un cocktail de mesures antilibérales a entraîné ce qu'il appelle une contre-révolution industrielle, qui s'est traduite par un excès de centralisation, qui se transforma en étatisme, en mercantilisme, puis en nationalisme agressif. L'utopie de la planification centralisée, du colbertisme et de l'ingénierie sociale serait responsable de l'échec, et donc de la guerre. Ingénierie sociale (*social engineering*, en anglais), c'est l'autre mot pour protection sociale. Ainsi, en poussant le raisonnement à l'extrême, le repos dominical, la fin du travail des enfants (on ne parlait pas encore de congés payés), bref, les premiers acquis sociaux seraient à l'origine de la guerre ! C'est l'Allemagne qui n'aurait pas joué le jeu du libéralisme. Dans une sorte d'union sacrée autour du Reich, capitalistes et socialistes allemands auraient passé un compromis. Le programme bismarckien aurait été un mélange de « *collectivisme pour les affaires intérieures, de protectionnisme pour la politique commerciale et de nationalisme agressif dans les rapports entre États* »[4]. Bismarck, l'homme de l'unification de

4. Brink Lindsay, Cato Institute (décembre 2001).

l'Allemagne autour de la Prusse, n'avait rien d'un socialiste. Il les a durement combattus et a même fait voter des lois antisocialistes. Ce qui est vrai, en revanche, c'est que le chancelier est l'homme qui a inventé la protection sociale. La sécurité sociale est née en Allemagne, en 1880. Son idée était simple : il fallait renforcer le lien des Allemands et de la classe ouvrière avec l'État, afin d'isoler, voire éradiquer les socialistes. C'est ainsi que l'État providence a vu le jour et, avec lui, la cogestion à l'allemande.

Les libéraux n'ont pas totalement tort dans leur analyse. Là où ils se fourvoient, c'est quand ils s'imaginent que l'on peut supprimer, d'un coup de baguette magique, les frontières, les nations, les cultures qui s'expriment à travers des États dont les intérêts peuvent être contradictoires. Ils évacuent également la question des conflits sociaux, du partage de la valeur. Si la première globalisation a échoué, c'est aussi parce qu'elle a fait beaucoup de mécontents et qu'elle a été victime de ses propres excès dont se sont nourris le socialisme, le communisme et tous les nationalismes.

Trop d'injustice sociale, trop d'enrichissement sans cause, trop d'échanges déséquilibrés, une absence trop grande d'instruments de gouvernance au niveau international. Et, pour couronner le tout, des lobbies extrêmement puissants qui contrôlaient la sphère politique. Autant d'éléments que l'on retrouve aujourd'hui. Cette seconde globalisation, amorcée depuis un quart de siècle, reproduit les mêmes erreurs. D'abord, on a poussé les feux du libre-échange jusqu'à l'absurde. Au nom du « toujours plus loin, toujours moins cher », les multinationales ont massivement délocalisé leur production, là où la main-d'œuvre était la moins chère.

La production des biens et des services a été disséquée en d'innombrables sous-ensembles, aux quatre coins du monde, grâce à une noria d'avions, de bateaux et de camions. Avec les inévitables conséquences sur l'environnement. Qu'un des éléments de la chaîne vienne à défaillir et c'est la totalité de la filière de production qui est en péril. Comme au XIXe siècle, l'hypertrophie du commerce mondial a débouché sur une financiarisation excessive. Nous avons assisté à une sorte d'alliance contre nature entre les multinationales, la finance internationale et la Chine. Un *deal* où chacun a finalement trouvé son compte.

Cette seconde globalisation, comme la première, compte ses gagnants et ses perdants. Du côté des gagnants se trouvent les nouvelles classes moyennes chinoises et celles des grands pays émergents. Mais il y a, aussi et surtout, cette nouvelle classe sociale des *working richs*, ces quelques millions de millionnaires, ces élites mondialisées, cette globocratie, qui profitent à plein d'un système où l'individuel prime sur le collectif. Du côté des perdants figurent les classes moyennes en Occident, au Japon, mais aussi la population des pays arabes, de l'Afrique, voire d'un Mexique livré aux narcotrafiquants, marginalisés par la concurrence des nouveaux pays émergents. Grâce au crédit, on a masqué un temps cette paupérisation qui éclate au grand jour aujourd'hui, avec toutes les conséquences sociales et politiques afférentes.

Enfin, aujourd'hui comme hier, on a laissé le processus de globalisation se développer, sans avoir mis en place au préalable les instruments de gouvernance, de régulation au niveau mondial. Résultat : l'Occident a fait un marché de dupes, car il est désormais confronté à une concurrence déloyale, à un *dumping* multiforme. Une fois de plus, les idéologues de la globalisation ont péché par naïveté. Ils n'ont pas compris que les nations – et leur incarnation, les États –, loin d'avoir été dissoutes dans le libre-échange, s'en trouvaient renforcées. Ils ont compris trop tard que la Chine entendait prendre sa revanche de l'humiliation subie au XIXe siècle.

Comment éviter que les mêmes causes ne produisent les mêmes effets ? Et que cette seconde globalisation ne débouche, à son tour, sur une catastrophe mondiale ? D'aucuns voudraient aller encore plus loin dans la voie du libre-échange. Lever les ultimes barrières, ouvrir les marchés agricoles aux concurrences les plus lointaines. Bref, continuer de démanteler les systèmes de protection sociale occidentaux, achever de liquider les acquis du fordisme et des trente glorieuses. Un scénario qui n'est pas à exclure, mais qui – les Européens doivent le savoir – débouchera sur une colonisation à revers. Avec une puissance dominante : la Chine.

Un autre scénario est possible : celui d'une déglobalisation progressive, limitée, contrôlée, d'une « autre » mondialisation. Tant les dérives de la situation actuelle sont lourdes de menaces. La mondialisation, c'est d'abord le respect des autres, de leur identité, de leur culture, voire de leur religion. Dans un monde multipolaire, chacun doit s'enrichir de la connaissance de l'autre. Les frontières ne sont pas des obstacles, mais simplement l'expression d'identités différentes qui composent l'humanité. C'est le principe même de la théorie des ensembles. Pourquoi vouloir tout uniformiser, tout globaliser ?

PREMIÈRE PARTIE

La revanche de la Chine

CHAPITRE PREMIER

De la guerre de l'opium au siècle de l'humiliation

Juin 1840. Sur la Pearl River, la rivière des Perles, qui baigne Canton, le canon tonne. L'Armada britannique, sous le commandement de l'amiral Elliott, forte de quarante-huit vaisseaux totalisant cinq cent quarante canons, bombarde la ville. La première guerre de l'opium commence. Avec elle, la Chine entre dans «le siècle de l'humiliation».

Nos sociétés occidentales ont tendance à occulter le passé, l'histoire, surtout quand elle concerne des contrées lointaines et que leurs armées n'y ont pas forcément le beau rôle. Pourtant, il est impossible de comprendre ce qui se passe en Chine aujourd'hui, sans se référer au XIXe siècle. Impossible de prendre la mesure des ambitions chinoises sans analyser des motivations, des ressentiments qui remontent à une époque où l'Empire était la première puissance économique mondiale. Une puissance relativement fermée sur elle-même. Le confucianisme, comme toutes les religions, plaide pour l'acceptation de l'ordre des choses. Un ordre où chacun à sa place, et celle de la Chine est au centre du monde. L'empereur, les mandarins, les élites comme le petit peuple craignent l'inconnu. Ils estiment que leur système de valeurs, ancestral, fondé sur la tradition et une certaine excellence dans la confection des biens matériels, n'a pas besoin des autres, de s'ouvrir à ce qui est étranger. Ces autres, les Chinois commencent à les découvrir avec les premiers navigateurs. Portugais, espagnols, néerlandais, et enfin britanniques. À la fin du XVIIe siècle, l'empereur autorise l'ouverture des ports chinois aux bateaux étrangers. Une ouverture, en fait, très limitée. L'essentiel du commerce se fera par Canton, et les commerçants européens seront strictement contrôlés. Il leur est notamment interdit d'apprendre le chinois. La bureaucratie locale exerce un contrôle tatillon et applique, au nom de l'empereur, des taxes prohibitives sur les produits étrangers. Si la Chine est relativement peu perméable aux marchandises, aux idées et aux hommes de l'Occident, l'Europe devient, en revanche, au XVIIIe siècle, sinomaniaque. La Chine est à la mode. «*Elle fournissait le premier exemple d'un État policé, riche et puissant, qui ne devait rien au christianisme et semblait fondé sur la raison et le droit naturel*[5].» Pas un domaine où la Chine n'excelle: astronomie, mathématiques, démographie (elle a été la première à procéder à des recensements), médecine, système éducatif (à base d'examens systématiques), agriculture, artisanat, etc. C'est la vogue des porcelaines, des meubles et des bibelots chinois. Leibniz, mais aussi les physiocrates français[6], se font les chantres du

5. Jacques Gernet, *Le Monde chinois*, Armand Colin, 1999.
6. Turgot et François Quesnay sont les physiocrates les plus célèbres. Précurseurs des libéraux anglais, ils estiment qu'il faut «*laisser faire les hommes et laisser passer les marchandises*». Sans remettre en cause la monarchie, ils pensent que le souverain et l'État doivent s'en tenir au strict minimum.

modèle chinois. Un modèle qui, comme tout empire, porte en lui les germes de son déclin. La Chine sous la dynastie Han a démesurément grandi. Les provinces extérieures conquises par les Mandchous au fil des siècles se trouvent fort éloignées de Pékin, siège du pouvoir impérial. Les communications sont longues et coûteuses. L'empire est devenu riche, trop riche. La Cour vit au-dessus de ses moyens. La corruption, favorisée par la centralisation du pouvoir, mine les structures de l'État. La démographie explose : 177 millions d'habitants en 1750, 300 millions en 1790, et 400 millions en 1834. Plus qu'un doublement en moins d'un siècle. Cette démographie dynamique a soutenu l'expansion au XVIIIe siècle. Elle va devenir un boulet lorsque le dynamisme s'étiole, et que l'assoupissement succède à l'euphorie.

L'État se ruine dans des guerres lointaines pour réprimer les soulèvements dans les provinces extérieures, notamment celles des musulmans et des Tibétains. L'agitation paysanne devient permanente, avec la secte du Lotus blanc. L'impôt rentre mal. Confrontés aux pertes de recettes, les empereurs tentent d'appliquer des politiques de rigueur qui ne font qu'accroître les mécontentements. Bref, l'État se délite peu à peu. On voit fleurir les sociétés secrètes, à commencer par la fameuse Triade, ancêtre de la mafia chinoise. Ce lent déclin de l'Empire chinois va s'accélérer sous l'emprise d'un phénomène : l'opium.

Ce psychotrope, tiré de la graine de pavot, est connu en Chine depuis la fin de la dynastie Ming. La médecine locale l'utilisait comme analgésique. On doit aux Portugais d'avoir transformé ce remède en drogue, à partir des plantations de pavot de leurs comptoirs indiens. L'opium pénètre en Chine sous le couvert d'une médication. Pendant des décennies, son commerce reste marginal. En revanche, ce qui l'est moins, ce sont les exportations chinoises, notamment vers l'Angleterre. Il s'agit, bien sûr, de soieries, de porcelaines, de meubles, mais aussi et surtout de thé. Ce thé, dont les Anglais sont *addicts*. En un siècle, les ventes passeront de 12700 tonnes à 360000 tonnes. Ce secteur d'activité devient essentiel pour l'économie chinoise. On remplace des cultures traditionnelles, notamment le coton, par le thé. Les importations creusent d'autant plus le déficit britannique que les Chinois exigent de se faire payer en argent. Ce qui oblige les Anglais à importer ce métal d'Amérique ou d'ailleurs.

La question monétaire a toujours été au centre de la stratégie économique chinoise. Au temps de sa splendeur, l'empire du Milieu s'appuyait sur une économie étatique plutôt que mercantile. D'où un relatif désintérêt à l'égard des métaux précieux au moment où les grandes puissances occidentales faisaient la course à l'or. Deux monnaies coexistent en Chine : l'une traditionnelle, à base de pièces de cuivre, qui est celle du peuple pour la vie courante ; l'autre, à base de pièces d'argent, qui est destinée au commerce extérieur et au budget impérial. La Chine avait choisi l'argent de préférence à l'or, parce que ce métal était relativement abondant dans la région avec des mines situées au Japon. Cette double monnaie, liée au fait que l'Occident va peu à peu basculer vers l'étalon-or au XIXe siècle, ne sera pas étrangère aux difficultés de la Chine. Le peuple, notamment les classes les plus pauvres, est payé en sapèques de cuivre. Mais ses impôts, eux, sont calculés sur la base de la monnaie d'argent. Or l'écart entre les deux va s'accroître, au fur et à mesure que l'argent ressort de Chine. Pourquoi ressort-il ? Tout simplement parce que les Britanniques ont enfin trouvé la martingale pour rééquilibrer leur balance commerciale avec la Chine. Cette martingale, c'est l'opium.

Depuis 1729, le trafic d'opium est officiellement interdit. Pendant un demi-siècle, quelques centaines de tonnes pénètrent annuellement en contrebande par Canton. Tout cela reste artisanal, jusqu'à ce que la Compagnie des Indes orientales s'empare du monopole du commerce de l'opium vers la Chine, en développant la culture du pavot au Bengale, puis dans l'Inde centrale. Et là, on change d'échelle. De quelques centaines, on passe aux milliers de tonnes. Le gouvernement chinois a beau tempêter, protester, multiplier les édits prohibant la culture et l'usage de l'opium, rien n'y fait. La Compagnie des Indes « arrose » les fonctionnaires et douaniers cantonais pour qu'ils ferment les yeux sur ce commerce lucratif. En 1820, on estime que cinq mille caisses de soixante-cinq kilos sont entrées dans le pays. Avec une marge considérable pour la Compagnie des Indes, puisque le prix de vente représenterait dix fois le coût de production. La Couronne britannique a enfin trouvé le produit miracle pour réduire son déficit commercial structurel avec la Chine. Tout au long du XVIIIe siècle, les Britanniques avaient cherché à vendre leurs produits finis, notamment textiles. Au nom de la théorie des avantages comparatifs. La Chine excelle dans la production de thé qu'elle vend à l'Angleterre. L'Angleterre excelle dans la production de textiles, notamment laine et coton. Un coton dont les Chinois ont abandonné la culture au profit du thé. Pourquoi ne pas échanger ? Ainsi, les bateaux de la Compagnie des Indes pourront faire les allers et retours avec les cales pleines, alors que, jusque-là, ils reviennent à vide de Londres ou des Indes. Las ! David Ricardo et Adam Smith n'ont pas encore droit de cité... à la Cité interdite. Les Chinois n'ont finalement que mépris pour ces produits étrangers dont ils estiment ne pas avoir besoin. Tout au plus achètent-ils des fourrures (aux Russes) et quelques produits de luxe. Ils opposent une fin de non-recevoir aux multiples propositions. C'est alors que l'opium devient le remède miracle au déficit britannique. Albion fait d'une pierre deux coups, car la drogue va être payée par les utilisateurs en monnaie d'argent. Ce n'est pas le petit peuple qui est touché, mais les élites, les fonctionnaires, la classe moyenne chinoise, seule à pouvoir se payer le précieux produit.

À partir de 1820, Pékin est confronté à un dilemme. Sa balance commerciale s'effondre. La contrebande d'opium mine les caisses de l'État. L'argent engrangé par les exportations de thé est presque instantanément retourné à la Compagnie des Indes pour financer la contrebande de l'opium. Entre 1800 et 1820, dix millions de liangs d'argent sont entrés en Chine. Entre 1831 et 1833, dix millions en sortent[7]. Le commerce britannique avec la Chine devient enfin excédentaire. Mais la balance commerciale chinoise, elle, est déficitaire. La corruption sévit partout. La consommation d'opium – on compte déjà deux millions de fumeurs – gangrène la société. Ce phénomène vient frapper, on l'a vu, un pays déjà affaibli par son relatif assoupissement, son immobilisme, sa démographie.

7. À la fin du XIXe siècle, l'opium représentait encore 30 % des importations chinoises.

Les classes dirigeantes prennent conscience du danger. Le nouvel empereur, Dao Guang, doit agir. Reste à savoir comment. Au sommet de l'État s'engage alors un processus de consultation qui préfigure le système de pouvoir aujourd'hui en place à Pékin. La Cour, le gouvernement sont partagés. Pour les uns, il faut légaliser l'opium et favoriser la production locale afin de limiter les importations. Pour d'autres les entrées d'opium doivent être frappées d'une très lourde taxe avec une obligation pour les commerçants étrangers de réinvestir les produits de leurs ventes dans l'achat de produits chinois. Enfin, un troisième groupe prône un mélange de carotte et de bâton : oui à une ouverture progressive de la Chine vers l'extérieur, mais non à l'opium, ne serait-ce qu'en raison de ses multiples effets néfastes indirects. Après plusieurs années d'hésitation, l'empereur se prononce en faveur de cette dernière option, défendue par un des hauts dignitaires du régime, Lin Zexu. Nommé commissaire impérial de la province du Guangdong, ce dernier fait saisir tous les stocks d'opium de Canton qu'il échange contre du thé. Deux mois plus tard, toute la drogue saisie est détruite. Tous les bateaux étrangers qui pénétreront dans les eaux territoriales chinoises devront être fouillés. Affolement des négociants étrangers qui vont trouver une oreille d'autant plus complaisante à Londres, que Lin Zexu a commis un crime de lèse-majesté. C'est lui, et non l'empereur, qui écrit directement à la reine Victoria sur un ton fort peu diplomatique :

« [...] *Les lois interdisant la consommation de l'opium sont désormais si sévères en Chine que si vous continuez à le fabriquer, vous découvrirez que personne ne l'achètera et qu'aucune fortune ne se fera par l'opium. [...] Tout l'opium qui est découvert en Chine est jeté dans l'huile bouillante et détruit. Tout bateau étranger qui, à l'avenir, viendra avec de l'opium à son bord, sera mis à feu, et l'ensemble des autres biens qu'il transportera seront infailliblement brûlés en même temps. Alors, non seulement vous ne parviendrez pas à tirer quelque profit de nous, mais vous vous ruinerez dans l'affaire. Ayant voulu nuire à autrui, vous serez la première à en souffrir. Notre Cour Céleste n'aurait pas gagné l'allégeance d'innombrables pays si elle n'exerçait un pouvoir surhumain. Ne dites pas que vous n'avez pas été avertie à temps. À la réception de cette lettre, Votre Majesté sera assez bonne pour me faire savoir immédiatement les mesures qui auront été prises* [...].»

Dès lors, la cause est entendue. Au nom du libre-échange ainsi bafoué et pour préserver les intérêts mercantiles de l'Angleterre, Londres prépare une intervention militaire. Une campagne de presse, financée par les centaines de sociétés commerciales britanniques qui craignent que l'eldorado opiacé chinois ne disparaisse, chauffe l'opinion publique. Le ton monte de part et d'autre. Canton est interdit aux Britanniques. Navires anglais et jonques chinoises échangent quelques tirs. Et, en juin 1840, l'amiral Elliott arrive devant Canton. Il ne parvient pas à prendre la ville, mais le corps expéditionnaire s'empare de Hong Kong dont il se servira comme tête de pont. La flotte chinoise est détruite. La rivière des Perles est sous contrôle britannique. À Pékin, la Cour prend peur, congédie Lin Zixu, et se résout à chercher un compromis avec l'Angleterre. Cette dernière, sentant la victoire à portée de la main, fait la sourde oreille et poursuit son offensive. Après deux ans de combats, la Chine capitule et se voit contrainte de signer le traité de Nankin, le 29 août 1842. Un traité humiliant qui donne aux Britanniques la mainmise sur le commerce chinois. Hong Kong devient une place militaire et économique sous le contrôle de la couronne. Cinq ports sont concédés aux étrangers, dont Canton et Shanghai. La Chine verse une indemnité de 21 milliards de dollars d'argent, soit le tiers des recettes de l'État. Les ressortissants britanniques échappent aux juridictions chinoises. Et Londres obtient la clause de la nation la plus favorisée, c'est-à-dire que tout avantage acquis par d'autres nations lui sera automatiquement étendu.

Le traité de Nankin sonne le glas de l'empire du Milieu. La monarchie est discréditée. Les finances de l'État sont exsangues. Certes, dans les années qui suivent, le commerce explose. La Chine double ses exportations de thé et de balles de soie, mais les importations d'opium continuent de grimper. Dans les deux cas, les commerçants britanniques, mais aussi américains, se trouvent à la manœuvre et engrangent les bénéfices[8]. Pis, le commerce est détourné de Canton vers Shanghai et les concessions étrangères, ce qui va ruiner toute une région. Et n'est pas pour rien dans l'explosion sociale, la grande insurrection des Taiping qui prend naissance aux environs de 1850. Pour l'historien Jacques Gernet, « *la véritable menace que fait peser l'Angleterre sur la Chine de la première moitié du XIXe siècle est beaucoup moins d'ordre*

8. Le grand-père maternel de Franklin D. Roosevelt, Warren Delano, était l'associé principal de Russel et Cy, société qui avait acquis un quasi-monopole pour le transport de l'opium vers Canton et du thé vers l'Angleterre. Il passa vingt-cinq ans dans la région. À son retour aux États-Unis en 1851, il avait fait fortune.

militaire qu'économique : les importations d'opium contribuent à miner l'économie d'un empire dont les finances et le système politique et administratif ont commencé à se dégrader depuis les environs de 1800. Et c'est bien là en effet qu'est l'essentiel, puisque cette dégradation aboutit aux formidables explosions sociales et aux insurrections de populations colonisées qui vont ébranler l'empire entre 1850 et 1878.»

L'empire implose. Le chef des Taiping, qui se proclamera roi du ciel et fondera son propre empire dans le sud du pays, est issu d'une famille pauvre. Il prône un égalitarisme mystique contre les classes dominantes et les empereurs mandchous du Nord. L'homme, au départ, a quelques mentors, qui le poussent dans cette voie. Il s'agit de missionnaires protestants, notamment américains. Les États-Unis et la France ont obtenu, en 1844, les mêmes droits commerciaux et légaux que les Anglais, avec en plus le droit de construire des églises et d'évangéliser. Ils vont donc porter la bonne parole et prôner la désobéissance à l'égard de l'empereur et de Pékin. Au nom de... l'égalitarisme et du libre-échange bien compris. Les droits de l'homme et la démocratie ont aujourd'hui remplacé la religion. Mais ce qui compte, au fond, c'est le commerce et l'argent.

Affaibli par la révolte des Taiping, les soulèvements de populations aborigènes[9] et la récession économique, l'empire va devoir faire face, en outre, à une seconde guerre de l'opium avec la coalition franco-britannique. Pour relater cet épisode, mieux vaut laisser la parole à un des acteurs directs,

9. Ces révoltes auraient causé de 20 à 30 millions de morts en un quart de siècle.

l'interprète du général de Montauban, commandant en chef des forces françaises : « *Notez ce fait bizarre : la guerre n'est pas encore déclarée, mais le général en chef qui doit la diriger va la préparer sur place, et non seulement à Hong Kong qui appartient aux Anglais, mais à Shanghai, c'est-à-dire en Chine. J'avouerai ici avec une humilité profonde qu'en arrivant à Hong Kong, si je savais très bien que j'allais me battre avec la Chine, j'ignorais absolument pour quelles raisons, et je parie que bien peu de personnes en France en savaient plus que moi. C'est que la diplomatie chinoise est tellement entortillée, les questions qui se traitent entre l'empire du Milieu et l'Europe sont tellement embrouillées, qu'on arrive rapidement à ne plus savoir au juste ce qu'on demande à la Chine ni ce qu'elle refuse. Quand les diplomates ne comprennent plus rien à leurs grimoires, ils se retirent, pour laisser passer les militaires. Ceux-ci tirent des coups de fusil, des coups de canon, démolissent des forts, coulent des jonques, mènent un tel râpage, accumulent tant de ruines, que l'empereur de Chine, le Fils du Ciel, envoie des plénipotentiaires demander la paix. On recommence à discuter. Les militaires rentrent chez eux. Au bout de dix ans, les diplomates ne sont point tombés d'accord, ou bien s'ils sont tombés d'accord, la Chine n'a point exécuté les traités convenus. On rappelle les militaires qui recommencent. Et c'est toujours ainsi. En 1860, cela durait depuis vingt ans seulement, puisque la première guerre entre la Chine et l'Europe date de 1840. Cela commença comme la guerre d'Amérique, par une affaire commerciale. La Chine n'exécuta jamais de bonne grâce les traités ; comme ils étaient révisables au bout de dix ans, en 1856 les trois puissances intervinrent ensemble. Les Chinois brûlèrent des concessions, décapitèrent des matelots, et, en 1857, on bombarda et on prit ensemble les forts de Takou, à l'embouchure du Pé-ho. En 1858, les nouveaux traités ne furent pas plus exécutés que les autres. En 1859, les navires anglais et français retournèrent à l'embouchure du Pé-ho, mais, cette fois, ils échouèrent et durent battre en retraite. C'était cette défaite que nous allions venger en commun. C'étaient les traités de 1844 et de 1858 que nous allions faire renouveler. Voilà pourquoi nous arrivions en Chine.* »

Le 13 octobre, les troupes franco-britanniques prennent un Pékin déserté par l'empereur[10]. Quatre jours plus tard, elles se livrent au pillage du palais d'Été. « *Un jour,* écrit Victor Hugo, *deux bandits sont entrés dans le palais d'Été. L'un l'a pillé, l'autre l'a incendié. Ce qu'on avait fait au Parthénon, on l'a fait au palais d'Été, plus complètement et mieux de manière à ne rien laisser. Tous les trésors de toutes nos cathédrales réunies n'égaleraient pas ce formidable et splendide musée de l'Orient. Il n'y avait pas*

10. Un épisode à ne pas confondre avec les « 55 jours de Pékin » lors de la révolte des Boxers. Ce mouvement, initialement opposé aux réformes, aux étrangers et à la dynastie mandchoue des Qing, fut utilisé par l'impératrice Cixi contre les seuls étrangers, conduisant en juin 1900 au siège des légations étrangères à Pékin. Ces « 55 jours de Pékin » se termineront, une fois de plus, par la victoire des huit nations alliées contre la Chine (Autriche-Hongrie, France, Allemagne, Italie, Japon, Russie, Royaume-Uni et États-Unis). Après la guerre sino-japonaise de 1894-1895 que la Chine avait perdue (les Anglais ayant notamment fourni les plans de bataille de l'armée chinoise au Japon), cette nouvelle défaite acheva d'ébranler la dynastie des Qing qui disparaîtra en 1911, au profit de la République, avec la révolution bourgeoise dirigée par Sun Yat-sen.

seulement là des chefs-d'œuvre d'art, il y avait un entassement d'orfèvreries. L'un des deux vainqueurs a empli ses poches, ce que voyant, l'autre a empli ses coffres et l'on est revenu en Europe, bras dessus, bras dessous, en riant. Telle est l'histoire des deux bandits. Nous, Européens, nous sommes les civilisés, et pour nous, les Chinois sont les barbares. Voilà ce que la civilisation a fait à la barbarie. Devant l'histoire, l'un des deux bandits s'appellera la France, l'autre s'appellera l'Angleterre. »

Le traité de Pékin confirme les précédents et les aggrave. Des ports supplémentaires sont ouverts au commerce étranger. La Chine, déjà exsangue, doit payer des indemnités considérables aux deux pays et aux marchands britanniques. La gestion des douanes chinoises passe sous le contrôle des Anglais. On n'est jamais aussi bien servi que par soi-même ! Enfin, le commerce de l'opium est définitivement légalisé. Ce qui va provoquer un boom des importations et des ventes, sur lesquelles les taxes ne devront être que marginales. On dépasse les 10 000 tonnes par an et le nombre des consommateurs atteint les cent millions. La Chine n'existe plus en tant que puissance indépendante, souveraine. En vingt ans et deux guerres, l'Occident et l'opium ont détruit l'empire. La première puissance économique mondiale du XVIIIe siècle s'enfonce dans la pauvreté. Le siècle de l'humiliation commence.

Les incessantes vexations, la mise en coupe réglée de l'économie chinoise, les innombrables concessions exigées par des Occidentaux qui ne voient pas de limite à l'extension de ce premier capitalisme global qu'ils pilotent depuis Londres, New York ou Paris, vont nourrir un ressentiment contre l'étranger. Rien d'étonnant donc à ce que se développe un mouvement nationaliste. Comment faire pour que la Chine redevienne un pays puissant, important et retrouve sa dignité ?

Le courant dit occidentaliste, représenté par Sun Yat-sen, renverse l'impératrice et proclame la république, en 1911, sur le modèle des démocraties occidentales. Mais plutôt que la soutenir, les Anglo-Saxons, les Français et les Japonais vont laisser l'anarchie se développer – c'est l'époque des seigneurs de la guerre –, et les humiliations continuent. Le Japon accentue son emprise sur la Mandchourie et le nord du pays, et met la main sur la principale entreprise industrielle chinoise productrice d'acier. Les consortiums de banques occidentales prêtent aux différentes factions à des conditions léonines, exigeant en garantie toujours plus de contrôles sur l'économie. Le comble sera atteint lorsque les puissances alliées donneront au Japon, en 1919, les concessions allemandes en Chine. Tout le monde veut se servir.

C'est alors qu'une partie de ces Chinois nationalistes fait sécession et fonde le Parti communiste. La seule puissance plutôt bienveillante à l'égard des Chinois était alors la toute jeune URSS. Les intellectuels attirés par l'Occident cherchaient une pensée capable de faire contrepoids au confucianisme, qui était pour eux une des causes, avec l'impérialisme occidental, de l'effondrement de la Chine. Le slogan de ces jeunes était alors : « *À bas la boutique Confucius !* » Cette pensée nouvelle, l'aile gauche du mouvement de Sun Yat-sen va la trouver dans le marxisme, qui a, en outre, le mérite de s'opposer au capitalisme mercantile symbolisé par l'Occident. Un Occident qui commence à déchanter. La Chine n'est plus l'eldorado, cette source inépuisable de richesses qu'il avait imaginé au début du XIXe siècle. Ils ont tellement pressuré le pays, qu'il est exsangue. Grande exportatrice de produits finis au XVIIIe siècle, puis encore de cotonnades, de soieries et de thé au XIXe, la Chine ne produit plus grand-chose. Elle importe non seulement acier, machines, chemins de fer, armes, mais aussi la plupart des produits de consommation courante. Les cotonnades américaines et anglaises ont remplacé les produits locaux jusque dans les campagnes les plus reculées. Même l'huile d'éclairage est importée. Tout comme une partie de l'alimentation de base. Et le pays continue toujours à acheter de l'opium.

L'agriculture dévastée, l'artisanat laminé, l'industrie mort-née, la Chine n'est plus que l'ombre d'elle-même. Voilà pourquoi les puissances occidentales, après la Première Guerre mondiale, vont peu à peu s'en désintéresser, laissant le Japon s'y déployer. Certes, elles vont soutenir le général Tchang Kaï-chek dans sa lutte contre le Parti communiste. Mais leur esprit est désormais ailleurs, surtout après la grande crise de 1929. Il faudra l'arrivée au pouvoir de Franklin D. Roosevelt, et surtout la guerre avec le Japon, pour que les États-Unis s'intéressent de nouveau à la Chine. Ils misent à fond sur Tchang Kaï-chek, mais leur soutien n'empêchera pas la victoire des armées communistes, en 1949. Le rôle des sœurs Song dans cette période de l'histoire de la Chine est capital. Tchang Kaï-chek avait épousé Song Meiling, une des filles d'un personnage hors du commun. Parti très jeune pour l'Amérique, devenu pasteur et richissime, Song eut six enfants. L'une épouse le soixante-treizième descendant de Confucius et l'un des hommes les plus riches de Chine. La deuxième fille se marie avec Sun Yat-sen, l'inspirateur du Kuomintang. Avant de se rallier à Mao et de devenir vice-présidente de la Chine Populaire. Meiling, réputée une des «*femmes les plus belles du monde*», considérait l'Amérique comme sa seconde patrie. On lui prête d'innombrables liaisons à Washington. C'est elle qui obtint, en 1943, de Roosevelt – qui, dit-on, ne pouvait rien lui refuser – la rétrocession de Formose à la Chine. Ce qui permit à son mari de s'y réfugier en 1949. C'est elle qui influença les Américains pour qu'ils misent sur Tchang Kaï-chek et non sur Mao à la fin de la guerre.

Pour les Chinois – et c'est hautement symbolique –, le siècle de l'humiliation s'achève avec la victoire de Mao. De là date «*la renaissance de la nation chinoise*». Dans la conscience collective, les atrocités, les famines, les dizaines de millions de morts, la révolution culturelle étaient peut-être le prix à payer pour que le pays retrouve son autonomie et se libère du joug des puissances étrangères. Voilà pourquoi Mao Tsé-toung est omniprésent dans la Chine d'aujourd'hui. Il incarne deux des piliers qui servent de soubassement à la stratégie du pays : le nationalisme et le communisme. Deng Xiaoping, en 1978, va ajouter un troisième pilier : le capitalisme, l'économie de marché, et même le mercantilisme. Car la Chine, forte de ses épreuves et de son passé, a réalisé une sorte de synthèse entre les trois grandes idéologies, qui dominent le monde depuis deux siècles. Elle est capitaliste pour l'économie, c'est-à-dire qu'elle accepte les principes du marché, de la propriété privée, de l'enrichissement personnel. Elle est communiste pour l'organisation politique, c'est-à-dire que c'est le règne du parti unique. Les débats existent, mais à l'intérieur du parti, et non en dehors. Elle est éminemment nationaliste. C'est même là le ciment principal qui assure la cohésion sociale et permet de surmonter la contradiction apparente entre la coexistence d'un capitalisme qui devrait aller de pair avec la démocratie politique et d'un communisme autoritaire qui, en principe, n'accepte pas l'économie de marché.

CHAPITRE II

De Mao au socialisme de marché

Tout se joue à la fin des années 1970. Deng Xiaoping et les dirigeants du parti favorables à une troisième voie, le socialisme de marché à la chinoise, vont peu à peu bâtir une stratégie à partir de quelques idées forces. En bons marxistes, ils jouent sur les contradictions de leurs adversaires. Ils relisent leur histoire et celle des guerres de l'opium. Ils observent la montée en puissance de leur voisin et adversaire ancestral, le Japon, qui défie les États-Unis. Ils se méfient du grand frère moscovite. Pékin va donc choisir... Washington, plutôt que Moscou ou Tokyo. Une sorte de *deal* s'esquisse, lors du voyage de Deng Xiaoping aux États-Unis, le 4 janvier 1979. Les Chinois ont compris que l'URSS de Brejnev était sur le déclin. L'arrogance japonaise et les souvenirs des massacres en Mandchourie, à Nankin et ailleurs, leur interdisent toute alliance avec Tokyo. Avec l'Amérique, c'est autre chose : même si cette dernière a soutenu Tchang Kaï-chek, il y a des affinités entre les deux rives du Pacifique. La diaspora chinoise, très importante, a toujours gardé un lien avec la mère patrie ; même ceux qui sont citoyens américains. Cette diaspora va jouer un rôle considérable dans le développement de l'économie chinoise. Les prémices de cette « Chinamérique » vont s'esquisser lors des négociations sur la rétrocession de Hong Kong, entre 1982 et 1984[11]. En contrepartie du retour du territoire dans son giron en 1997, Pékin choisit *de facto* de s'intégrer dans la zone dollar, tuant dans l'œuf les velléités japonaises de faire du yen une devise mondiale. Une décision essentielle qui sera un des fondements de la stratégie chinoise.

Cette indexation officieuse, puis officielle, va servir d'argument pour attirer les investissements étrangers, ceux de la diaspora, mais aussi des multinationales. Les groupes japonais seront les premiers à réagir. Ils amorcent une délocalisation de leurs productions de base en Chine, pour profiter des bas coûts de main-d'œuvre, exprimés en dollars. C'est le seul moyen pour eux de rester compétitifs et de continuer à exporter aux États-Unis. Ils font fabriquer leurs sous-ensembles en Chine et en Asie du Sud-Est pour ensuite pratiquer l'assemblage au Japon, où est mise la touche finale. L'Allemagne adoptera la même stratégie avec les pays de l'Est lorsque ceux-ci se libéreront de l'emprise soviétique. Rétrospectivement, on peut dire que les Chinois ont réussi là où les Japonais ont partiellement échoué. Et ce, pour plusieurs raisons.

La première, c'est d'avoir mené une politique monétaire fort habile en s'indexant sur la devise du pays qui allait devenir leur principal client. Ils ont été particulièrement bien placés pour examiner la manière dont les Américains ont mis le Japon à genoux en

11. Voir à ce sujet *La Crise globale*, Ed. Mille et Une Nuits, 2008.

1985, lors d'un G7, à l'hôtel Plaza, à New York. À l'époque, les déficits commerciaux américains avec le Japon s'envolent. Tokyo est accusé de maintenir artificiellement bas le taux de change du yen, pour engranger des excédents commerciaux et accroître ses parts de marché. Ce qui n'est pas faux. Tokyo se retrouve seul et sans alliés au sein du système de pouvoir américain. Car le *big business* est directement concurrencé par les grands groupes japonais. Une sorte d'union sacrée se noue outre-Atlantique pour résister à ce Japon « revanchard », qui a commencé à racheter quelques fleurons de l'économie américaine, à Hollywood et dans l'immobilier. Au Plaza, les Japonais sont donc contraints, par les États-Unis, la Grande-Bretagne et la France, de laisser le yen se réévaluer. En quinze mois, sa valeur par rapport au dollar va doubler. Un événement dont le pays ne se relèvera jamais. D'autant que, deux ans plus tard, lors d'un nouveau G7 à Paris, les Américains imposent une seconde capitulation monétaire au Japon, en l'obligeant à baisser ses taux d'intérêt, ce qui favorisera l'émergence d'une bulle des actifs financiers et immobiliers. Les grands groupes japonais accélèrent leurs délocalisations en Chine et en Asie du Sud-Est, dans ce qui est devenu la zone dollar. Commence alors, pour le Japon, une longue stagnation que l'on qualifiera de « deux décennies perdues ». Les Chinois ont étudié en détail ces épisodes monétaires et en ont tiré une conclusion : « *Les Américains ne nous feront pas le coup qu'ils ont fait au Japon.* »

Deuxième raison : les Chinois, contrairement aux Japonais, ont compris qu'il fallait avoir des alliés puissants aux États-Unis. Un lobby. Et quel meilleur lobby que celui des principales entreprises américaines, de ces grandes chaînes de distribution comme Wal-Mart, en plein essor ? Afin de leur offrir une main-d'œuvre inépuisable, corvéable à merci, relativement compétente, à des coûts vingt à trente fois inférieurs à ceux du travailleur américain[12]. Ils vont donc mouiller les multinationales, leur faire miroiter la possibilité d'accéder – un jour – à un marché d'un milliard trois cents millions de personnes. En attendant, on leur demande de s'installer, de produire avec, bien sûr, des partenaires chinois, et d'exporter vers les marchés où les consommateurs sont solvables, c'est-à-dire les États-Unis, l'Occident. Cinquante mille entreprises américaines vont ainsi investir en Chine. Pour les multinationales, c'est tout bénéfice. Leurs marges augmentent. Grâce à l'indexation du yuan sur le dollar, il n'y a pour elles pas de risque de change. Certes, les déficits commerciaux des États-Unis s'envolent. Pourquoi s'en inquiéter, puisque les Chinois, comme hier les Japonais, ont le bon goût de placer une bonne partie de leurs excédents commerciaux en bons du Trésor américains ? Des avoirs en quelque sorte garantis par le lien yuan/dollar. Ce qui n'est pas le cas pour les placements des Japonais en bons du Trésor américains qui doivent suivre les mouvements erratiques de la monnaie américaine. Tout le monde y trouve, apparemment, son compte. Jusqu'aux consommateurs, américains et autres, qui peuvent acheter moins cher des produits *made in China*. Adam Smith, David Ricardo et leur théorie des avantages comparatifs sont de retour. On voit alors refleurir, dans les années 1990, les mêmes propos,

12. Une main-d'œuvre également très compétitive par rapport à celle de l'Amérique centrale, notamment le Mexique.

les mêmes discours, les mêmes dogmes, qu'un siècle auparavant. Les sociaux-démocrates n'étant pas les derniers ä vanter les mérites du libre-échange.

Les délocalisations ? Elles sont normales. De toute façon, les États-Unis et l'Europe gardent la maîtrise des processus. Nous devenons des économies de services. Ce qui compte, c'est la recherche, l'innovation, le marketing, la gestion, l'ingénierie financière. Toutes choses que l'Occident va continuer de maîtriser. Avec cette sorte d'aveuglement teinté de mépris qui caractérise nos sociétés occidentales, nous ne pouvons pas imaginer que d'autres sont, eux aussi, capables d'innover, d'inventer. Les Chinois, entend-on dire, ne sont, comme les Japonais, que des copieurs. Il est vrai que la Chine est devenue le champion mondial de la contrefaçon, sous toutes ses formes. Un marché annuel de 250 milliards de dollars[13] ! Mais la Chine a de grandes ambitions, et elle se donne les moyens de les atteindre. Elle a eu l'intelligence de ne pas les étaler tout de suite au grand jour. Là encore, le Japon a servi de contre-exemple. Le jour où les dirigeants de Sony ont tenu des propos antiaméricains à la limite du racisme ; le jour où les groupes automobiles ont clamé *urbi et orbi* qu'ils allaient apprendre aux Américains à construire des voitures ; le jour où le Japon a manifesté des ambitions dans

13. L'anecdote est, dit-on, authentique. Christian Estrosi, alors ministre de l'Industrie, en visite en Chine, se plaint auprès de son homologue de cette contrefaçon qui ne cesse d'augmenter. Pince-sans-rire, son hôte reconnaît que les sanctions ne sont peut-être pas suffisantes. Nous avons exécuté, le mois dernier, vingt et un contrefacteurs. Nous pouvons, si vous le souhaitez, doubler ce chiffre, le mois prochain. « On pourrait même l'inscrire dans le communiqué commun. » Le sujet n'a plus été abordé.

l'aéronautique... Bref, le jour où il a laissé éclater au grand jour son arrogance, l'Amérique a brutalement réagi. La Chine a donc joué profil bas pendant un quart de siècle. Elle s'est montrée bonne élève. Certes, elle rechignait à prendre le kit complet du parfait libéral. Pour la démocratie politique, on verrait plus tard. Pour l'indépendance du Tibet aussi. Mais, pour le reste, elle est devenue le pilier essentiel de cette seconde globalisation, dont elle entend bien être un, sinon le principal bénéficiaire.

CHAPITRE III

De l'OMC aux JO

Dans les années 1990, la Chine a mis en place les conditions pour devenir «l'atelier du monde». Indexation sur le dollar, *deal* avec les multinationales, notamment avec les géants de la grande distribution. Mais c'est en 2001 qu'une étape essentielle est franchie avec l'entrée dans l'OMC. Un événement éclipsé par les attentats du 11 septembre contre les tours du World Trade Center, et qui sera pourtant, lui aussi, ô combien, lourd de conséquences.

Quelques mois avant son entrée officielle dans l'OMC, Pékin avait déjà obtenu un succès diplomatique considérable. Réuni à Moscou le 13 juillet 2001, le Comité international olympique choisit la capitale chinoise pour les jeux Olympiques de 2008. Un choix hautement symbolique. Le *big business*, très influent au CIO (certains membres ne sont pas insensibles aux cadeaux) à travers le sponsoring, a fait basculer le vote. Pékin voulait ces jeux. Les multinationales ne peuvent rien refuser à Pékin[14]. Les Français, qui

14. En 2002, le Bureau international des expositions, qui rassemble cent cinquante-six États et qui compte Coca-Cola et Siemens

voyaient déjà les épreuves se dérouler à Paris, n'ont rien compris au film. Dans un même élan patriotique, gauche et droite s'indignent. François Loncle, président socialiste de la commission des Affaires étrangères, et Alain Madelin, l'ancien ministre ultralibéral, appellent au boycott des futurs jeux, au nom des droits de l'homme et du Tibet. La brouille entre la France et la Chine, qui sera à son apogée lors du passage de la flamme olympique à Paris, en 2008, commence. Car, à Pékin, on observe, on analyse et on n'oublie rien.

Dans leur très grande naïveté, ces dirigeants français, de gauche comme de droite, voudraient que les Chinois, gagnés par la prospérité économique, basculent dans le nirvana démocratique. C'est une méconnaissance totale du système politique chinois. Le Parti communiste s'estime l'héritier légitime d'une continuité historique. Il a soixante-quinze millions de membres. Au sommet, les neuf membres du bureau politique, qualifiés de «neuf saints». Il se vit comme une sorte de parti de droit divin. Et il y a, effectivement, dans son sein, une logique dynastique. Pour Jean-Paul Tchang, observateur attentif de la nomenklatura chinoise, il existe une sorte de noblesse d'empire. «*Tous les postes dirigeants du Parti communiste chinois sont fermement entre les mains des vétérans révolutionnaires qui ont créé la République populaire. Au lendemain de Tian'anmen, en 1989, lorsqu'il a passé en apparence le pouvoir à Jiang Zemin, Deng Xiaoping a déclaré que Mao Zedong était le noyau dirigeant de la première génération, que lui-même*

---

parmi ses grands sponsors, décide que la prochaine Exposition universelle se tiendra à Shanghai en 2010.

était le noyau dirigeant de la deuxième génération, et que le temps était venu de passer la main à la troisième génération, en la personne de Jiang Zemin. Il a même désigné celui qui serait plus tard le dirigeant de la quatrième génération, Hu Jintao. Et, aujourd'hui, on connaît en principe déjà le noyau dirigeant de la cinquième génération, M. Xi Jinping ! Cela, bien entendu, est totalement artificiel : Deng Xiaoping faisait partie de la première génération et il n'y a jamais eu de deuxième génération. Mais, en créant artificiellement ce mécanisme de transmission, on espère créer l'illusion d'une succession dynastique, de génération en génération, comme du temps des mandats du ciel et des fils du ciel[15]. »

Le parti communiste est obsédé par le thème du pouvoir. Pourquoi certains s'étiolent, pourquoi d'autres émergent-ils ? Ainsi, les caciques du parti ont conclu que le pouvoir aux États-Unis était dans les mains des cent sénateurs, et surtout des lobbies et des grands groupes. Une vision sans doute excessive, mais qui recèle, comme on le verra plus loin, une part de vérité. Pour le parti communiste chinois, les groupes privés contrôlent, en Occident, le politique. Chez eux, ils entendent que le politique continue de contrôler l'économique. Ainsi, le parti communiste, qui était, à l'origine, le représentant des grandes masses, notamment paysannes, a décidé d'étendre son influence dans les nouveaux secteurs d'activité. Il recrute désormais ses nouveaux membres dans l'élite des grandes écoles, alors qu'il y a trente ans, les éléments universitaires les plus

15. Intervention de Jean-Paul Tchang, lors d'un colloque de la fondation Res Publica, le 22 février 2010.

brillants le snobaient. Avec le boom économique, le métier d'avocat est en plein essor. Le parti recrute. Sur les cent quatre-vingts mille avocats chinois, cinquante mille sont membres du parti. Le comité des actifs de l'État, qui chapeaute cent vingt-neuf grands groupes industriels chinois, souvent cotés en Bourse, par le biais de filiales, est sous le contrôle du parti communiste. Bref, l'économie chinoise reste une économie mixte très contrôlée. Mais, en même temps, le parti a eu l'intelligence de laisser le secteur privé se développer sur le modèle des quatre petits dragons asiatiques[16]. Une myriade de petites entreprises dynamiques va proposer une main-d'œuvre abondante et bon marché aux multinationales occidentales. À condition que ces dernières investissent, transfèrent progressivement leur technologie aux sous-traitants chinois, et exportent leur production. Un capitalisme privé qui a prospéré au début dans les industries de consommation, et qui se développe maintenant dans d'autres secteurs, notamment les biens électroniques et les services.

Cette stratégie passe par une relative libéralisation des mouvements de capitaux, mais aussi par la fin des droits de douane en Occident sur les produits *made in China* ; d'où l'importance de l'entrée dans l'Organisation mondiale du commerce. En bonne logique, son appartenance au club lui donne des droits, mais aussi des devoirs. Cependant, la Chine, depuis le traité de Nankin, est passée maître dans l'art de ne prendre des traités que ce qui l'intéresse, sans appliquer ce qui la gêne.

16. Corée, Hong Kong, Taïwan et Singapour.

Toutes les courbes, toutes les statistiques le montrent : à partir de 2002, on constate un décrochage. La progression des exportations chinoises n'est plus linéaire, mais exponentielle, avec un corollaire : l'explosion des déficits commerciaux américains. Et, accessoirement, ceux de la plupart des pays européens, à l'exception de l'Allemagne. En 2000, les exportations chinoises s'élevaient à 249 milliards de dollars, et les importations à 225 milliards, soit un solde positif de 24 milliards. En 2008, le commerce extérieur de la Chine a été multiplié par cinq (2 564 milliards), mais les excédents, eux, l'ont été par douze. Cette année-là, la Chine engrange 295 milliards d'excédents commerciaux. La crise impose une pause en 2009, mais en 2010, la machine est repartie : exportations, 1 580 milliards de dollars, importations, 1 394. Solde positif : 183 milliards. Les chiffres du commerce sino-américains sont encore plus spectaculaires. En 2000 : exportations chinoises de 100 milliards de dollars, importations 16,3 ; soit un déficit américain de 83,8 milliards. En 2008 : exportations chinoises de 337,8 milliards, importations 71,5. Déficit américain : 266,3 milliards. En 2010, la crise est là aussi effacée : 365 milliards d'exports, 93 milliards d'imports et un déficit de l'Oncle Sam de 272 milliards[17]. Pour la Chine, la crise n'aura été qu'un aléa dans sa conquête des marchés mondiaux.

---

17. Avec une mauvaise foi évidente, les Chinois mettent souvent en valeur les seuls pourcentages d'augmentation. Ce qui leur permet d'affirmer que les Américains ont augmenté leurs ventes en Chine de 480 %, alors que celles des Chinois aux États-Unis n'ont progressé que de 360 %. Oubliant au passage le déficit qui existait déjà en 2000. Comme quoi, les pourcentages ne veulent strictement rien dire ; seuls comptent les chiffres en valeur absolue.

Les excédents chinois vont être orientés dans trois grandes directions. D'abord, le boom économique permet bien évidemment l'éclosion d'une importante classe moyenne. En une dizaine d'années, trois cents millions de Chinois accèdent à un pouvoir d'achat équivalant à celui des classes moyennes occidentales. Ensuite, ces excédents se voient injectés dans les grands groupes para-étatiques, en fonction d'une politique industrielle à long terme. L'objectif? Monter en gamme, couvrir tous les secteurs, acquérir le savoir-faire, développer des filières intégrées. Enfin, les excédents commerciaux sont, pour une part non négligeable, réinvestis hors du territoire national. Pour l'essentiel, en bons du Trésor et en actifs américains. En outre, les Chinois vont utiliser leur masse de manœuvre financière pour renforcer leur présence aux quatre coins du monde, et sécuriser leurs approvisionnements en matières premières et leurs débouchés commerciaux.

Juillet 2008 : Hu Jintao inaugure en grande pompe les jeux Olympiques. Tous les chefs d'État, ou presque, sont là pour assister au triomphe programmé du modèle chinois. Rien n'a été laissé au hasard, des dizaines de milliards de dollars ont été investis pour transformer Pékin en une gigantesque mégapole du XXIe siècle. La circulation a été limitée. Les usines ont fermé leurs portes, afin de réduire la pollution de l'air. Au tableau des médailles, la Chine l'emporte et devance, pour la première fois, les États-Unis avec cinquante et une médailles d'or.

Avec cette réussite, l'attitude de la Chine et de ses dirigeants change. Oubliée la stratégie en vingt-huit caractères de Deng Xiaoping : « *Cachons nos capacités et attendons notre heure. Sachons garder un profil bas, ne prétendons jamais au leadership, toujours cherchons des réalisations*[18].» L'heure de la Chine est arrivée. Elle n'a plus à dissimuler ses capacités, à jouer profil bas. Elle peut prétendre désormais à un leadership. D'autant que la crise qui est sur le point d'éclater va affaiblir ses partenaires concurrents et, par voie de conséquence, la renforcer. Lorsque la faillite de Lehman Brothers survient, le gouvernement chinois réagit rapidement, en usant de l'arsenal classique: l'arme monétaire et l'arme budgétaire. À l'instar de la FED ou de la BCE, la Banque de Chine injecte plus de 10000 milliards de yuans de nouveaux crédits. Un plan de relance massif de près de 600 milliards de dollars est lancé. Le budget de l'État, qui était équilibré, peut se le permettre. Cette injection d'argent public servira à développer de nouvelles infrastructures et à relancer les investissements d'un certain nombre de groupes industriels.

Pékin n'a, à vrai dire, qu'une hantise: que le consommateur européen et américain cesse d'acheter ses produits. Car la Chine ne peut pas basculer du jour au lendemain d'un modèle purement mercantiliste, caractérisé par une très forte contribution de l'exportation à la formation du PIB (40%)[19], à un modèle où la consommation intérieure assurerait la relève de l'exportation. Il est vital, pour elle, de continuer à engranger des excédents et des recettes. Voilà pourquoi, dès les premiers jours de la crise, elle abandonne sa politique de réévaluation à petits pas du

---

18. Lire à ce sujet *Le Vampire du Milieu* de Philippe Cohen et Luc Richard, Éditions Mille et Une Nuits, 2010.
19. Ce modèle mercantiliste est également celui de l'Allemagne et du Japon où l'exportation contribue au PIB à hauteur de 50%.

yuan. Et réindexe purement et simplement sa devise sur le dollar. Et c'est aussi pourquoi, accueillie dans le nouveau G20, appelé à se substituer peu à peu au G8, elle refuse d'écouter et d'entendre tous ceux qui lui demandent de réévaluer, d'ouvrir davantage son marché, d'adhérer aux objectifs de réduction des gaz à effet de serre et de procéder à des réformes démocratiques. La crise n'a fait que la renforcer dans sa conviction de la supériorité de son modèle, qualifié par certains de « *modèle melting-pot* ». Un peu de léninisme, une dose de libéralisme débridé, une bonne note de confucianisme, un soupçon de social-démocratie européenne. Le tout au service de la nation chinoise. Ce sentiment national étant le principal ciment d'un pays où les forces centrifuges peuvent ressurgir à tout moment. Voilà pourquoi, enfin, les dirigeants chinois ont décidé, au nom de l'intérêt supérieur de la Chine, de profiter de cette crise pour passer à la vitesse supérieure et acquérir le maximum de positions, de puissance, dans le minimum de temps. Cette stratégie, amorcée il y a une dizaine d'années, s'amplifie en 2009.

CHAPITRE IV

De l'atelier au laboratoire du monde

La région de Canton et de Shenzhen, baignée par la rivière des Perles, avait été choisie par Deng Xiaoping pour être le laboratoire de l'économie socialiste de marché. C'est elle qui, trente ans après, reçoit la lourde charge de mettre en pratique le passage du *made in China* au «créé en Chine». La crise apparaît pour les patrons les plus dynamiques de la région comme une formidable opportunité. Pendant quelques mois, des milliers d'entreprises ont fermé et les millions de travailleurs journaliers, les mingong[20] qui, depuis deux décennies, proposent au jour le jour leur force de travail aux portes des usines, vont servir de variable d'ajustement. Dans le textile, le jouet et quelques autres secteurs, les producteurs chinois commencent eux-mêmes à délocaliser, au Vietnam, en Birmanie, au Cambodge et au Pakistan.

---

20. Au nombre de 200 millions, ces mingong («travailleurs migrants») ont représenté un sous-prolétariat qui a permis aux entreprises privées chinoises de maintenir leur compétitivité et leur réactivité vis-à-vis des clients occidentaux.

Parallèlement, de nouveaux secteurs sont investis. L'exemple d'IBM va faire tache d'huile. En 2006, le géant américain a déplacé le siège de sa division achat de Somers au Massachusetts à Shenzhen. Coca-Cola, Honeywell, Goodyear vont faire de même. Big Blue y installe également des laboratoires de recherche. En 2010, les Chinois vont détrôner les Américains dans un domaine ultrasensible : les supercalculateurs. Le plus grand et le plus rapide ordinateur du monde est chinois. Le Tianhe-1A du Centre national pour les superordinateurs, installé à Tianjin, peut procéder à deux mille cinq cents milliards de calculs par seconde, c'est 40 % de plus que le plus puissant des calculateurs américains. Depuis, le Tianhe-1A s'est fait dépasser par une matrice japonaise.

Cette compétence informatique se retrouve dans les chiffres du commerce extérieur. En 2000, les États-Unis importaient pour 68,5 milliards de dollars d'équipements informatiques, dont 8,3 en provenance de Chine. En 2009, les chiffres respectifs sont de 77,9 milliards, dont 44,8 importés de Chine[21]. Alors qu'en une décennie les importations américaines d'équipements informatiques n'ont augmenté que de 14 %, les ventes de la Chine, elles, ont progressé de 440 %. Une montée en puissance qui s'est faite notamment au détriment du Japon et de Singapour. Elle est le résultat de la politique systématique de délocalisation des grands informaticiens américains. À commencer par Apple. Le succès de la firme de Steve Jobs est dû, bien évidemment, au génie de son fondateur et de ses ingénieurs qui ont toujours été à la pointe de l'innovation ;

21. Source : Congressional Research Service. China-US Trade Issues (7 janvier 2011).

ils ont créé des produits, souvent au milieu du scepticisme général, qui ont trouvé ensuite leur marché. Ce que l'utilisateur d'Apple sait moins, c'est que les Mac, iPod et autres iPhone sont totalement *made in China.* Tout comme les PC de Dell ou de Hewlett Packard. Leur succès, ils le doivent à Foxconn, premier employeur privé mondial avec 1,3 million de salariés. Cette firme d'origine taïwanaise a multiplié les implantations industrielles sur le continent à partir des années 1990. En imposant, avec la bénédiction de Pékin, des conditions de travail très dures. À tel point qu'en 2010 la société se voit confrontée à une vague de suicides et doit consentir des augmentations de salaire substantielles. Du coup, Foxconn délocalise de la zone côtière vers... le centre de la Chine. Pour fabriquer leurs produits, Apple et les autres ont été obligés de transférer une large partie de leur savoir-faire. Sait-on que Lenovo, un des géants de l'informatique (21 milliards de dollars de chiffre d'affaires), qui a racheté, en 2005, les PC d'IBM, est chinois. Un ordinateur sur trois vendu en Chine est un Lenovo, qui vient d'acquérir un des principaux grossistes allemands, Medion, pour se renforcer sur le marché européen où il est déjà le numéro trois.

Le centre de gravité des entreprises bascule progressivement de l'Occident vers l'Orient. Les Chinois les y incitent, avec toujours cette épée de Damoclès : « *Si vous voulez participer à notre eldorado futur, transférez vos technologies, investissez, non seulement pour produire, mais aussi pour concevoir.* » Il se trouve que la Chine n'a plus seulement à offrir de la main-d'œuvre moyennement qualifiée. Ses universités mettent chaque année sur le marché des millions de diplômés. Remarquons aussi que les étudiants accueillis dans les meilleures universités américaines reviennent le plus souvent en Chine[22]. Des grands chercheurs américains d'origine chinoise ont même abandonné leur chaire et leurs labos pour regagner le pays de leurs ancêtres. Pour attirer Occidentaux et Chinois, l'économie mixte distribue à foison les subventions.

Applied Materials[23], un des joyaux de la Silicon Valley, leader mondial des équipements utilisés dans la fabrication des semi-conducteurs, des panneaux solaires et des écrans plats, a installé à Pékin son directeur technique et son dernier laboratoire technique sur l'énergie solaire. Applied Materials a même tenu son assemblée générale d'actionnaires à Xi An, en 2010. Cette ville compte quarante-sept universités, d'où sortent, chaque année, des dizaines de milliers d'ingénieurs. Un vivier bon marché (540 dollars de salaire mensuel de départ) pour les firmes occidentales. Mais la Chine ne se contente pas d'attirer les centres de recherche et de monter en gamme sur les produits électroniques. Elle entend aussi contrôler les matières premières essentielles à la fabrication des composants : les terres rares.

Ces terres rares – qui ne sont pas si rares que cela – sont en fait des substances métalliques, au nombre de dix-sept[24], recensées et découvertes au début du

---

22. Soixante-sept mille Chinois étudient aux États-Unis et onze mille Américains en Chine.

23. *International Herald Tribune*, 26 mars 2010.

24. Scandium : éclairage ; yttrium : lasers (pour les tanks et les appareils de visée) ; lanthane : batterie de voitures ; cérium : polissoir pour lentilles, écrans à cristaux liquides ; praséodyme : projecteurs, pièces d'aviation ; néodyme : aimants à haute résistance ; prométhéum : équipements de radiologie portables ; samarium : verres ; europium : tubes fluorescents, phosphores utilisés dans

XIXe siècle ; leur production passe par un processus d'extraction des minerais qui les contiennent, et un raffinage relativement complexe. Jusqu'au milieu du siècle dernier, on s'est peu intéressé aux terres rares. Les principales mines étaient localisées en Inde, au Brésil, en Californie et au sud de Las Vegas, à Mountain Pass qui assurait encore, en 1990, 40 % de la production mondiale. Ces terres rares sont devenues un des composants essentiels de l'activité industrielle. On les trouve pratiquement partout (laser, nanotechnologies, téléphones mobiles, ordinateurs, verre de haute qualité, photovoltaïque, véhicules électriques). Elles sont aujourd'hui ce que l'acier a été à la première révolution industrielle : indispensables. Tout comme d'autres métaux et minerais, tels le cobalt, le cuivre, le titane, le niobium[25]...

Dès 1985, sur le conseil d'un groupe d'universitaires, Deng Xiaoping décide de lancer la Chine sur la production de ces dix-sept petits métaux « *qui seront à la Chine ce que le pétrole a été au Moyen-Orient* ». Le premier filon est exploité en Mongolie. Dans les années 1990, la production monte en puissance et la Chine en exporte une partie. Elle va alors faire ce qu'elle a pratiqué dans bien d'autres secteurs : un double dumping, social et environnemental. Le

---

des technologies militaires ; gadolinium : radiographie à neutron, radars, systèmes de guidage de missiles ; terbium : aimants à haute résistance ; dysprosium : aimants à haute résistance ; holmium : verres teintés ; erbium : alliages métalliques, fibre optique ; thulium : lasers ; ytterbium : aciers inoxydables ; lutécium : industrie pétrolière (*Le Monde,* 14 janvier 2011).

25. Ce métal est essentiel pour la production d'alliages et d'acier très spéciaux, car il permet une plus grande élasticité. Un groupe familial brésilien est en position de monopole, puisqu'il assure 90 % de la production mondiale.

salaire du mineur en Mongolie n'a rien à voir avec celui pratiqué à Mountain Pass. Par ailleurs, le raffinage des minerais est excessivement polluant et génère des déchets (comme le thorium) radioactifs. Le Japon, leader pour les composants électroniques et automobiles, va ainsi, sous la pression de sa population, fermer toutes les raffineries sur son territoire et s'adresser aux Chinois. Non seulement la mine de Mountain Pass, propriété de Chevron, n'est plus compétitive, mais les mouvements écologistes, dénonçant les atteintes à l'environnement, exigent sa fermeture. C'est chose faite en 2002. Alors qu'elle ne détient qu'un tiers environ des réserves mondiales, suivie de l'ex-URSS (22 %), des États-Unis (13 %), de l'Australie et de l'Afrique, la Chine assure désormais à elle seule la production de 95 % des cent vingt mille tonnes consommées chaque année. Un monopole qui lui permet d'acquérir un savoir-faire industriel dans la transformation très complexe de ces substances, et de développer une politique de filière.

Au fur et à mesure que l'industrie chinoise monte en gamme, les terres rares deviennent un enjeu stratégique et de pouvoir. Le monopole de Pékin se traduit, dans un premier temps, par une envolée des prix : plus de 300 % de 2008 à 2010. Puis la part réservée aux exportations est progressivement réduite et soumise à des quotas : 35 000 tonnes en 2011, soit moins de 30 % de la production. Car, dans sa stratégie de conquête, le gouvernement chinois entend vendre de plus en plus de valeur ajoutée. Ses entreprises sont donc prioritaires pour intégrer les terres rares dans les futurs véhicules électriques, les composants électroniques, les matériels médicaux, les nouvelles ampoules, le photovoltaïque, sans oublier les applications militaires très importantes, comme le guidage des bombes par laser. Un rapport officiel du Pentagone tire la sonnette d'alarme en 2010 : la pénurie de quatre terres rares a déjà entraîné des retards dans les programmes d'armement. En septembre 2010, un incident diplomatique entre la Chine et le Japon va servir d'électrochoc. En réaction à l'arraisonnement d'un bateau de pêche chinois, Pékin a mis un embargo de deux mois sur les terres rares à destination de Tokyo, et a bloqué des expéditions vers les États-Unis et l'Europe. Les cigales occidentales, qui avaient raisonné à court terme en fonction des seuls coûts, découvrent le rôle stratégique de ces produits. Elles vont réagir. Bien tardivement. La mine de Mountain Pass doit reprendre l'extraction de minerais en 2012. Les grands groupes miniers occidentaux, notamment le français Eramet et l'australien Lynas, sont à la recherche de gisements. Mais ils se retrouvent souvent en concurrence avec les groupes chinois qui, eux aussi, prospectent dans le monde entier.

La maîtrise des terres rares a permis à la Chine de monter très vite en puissance sur les industries « vertes ». En moins de cinq ans, elle est devenue le principal fabricant de panneaux solaires et assure la moitié de la production mondiale. Plus de 95 % sont exportés, notamment vers les États-Unis et l'Allemagne, qui offrent d'importantes subventions aux acheteurs de panneaux. C'est ainsi que l'argent du contribuable occidental finance le développement des industries chinoises. Le schéma est identique pour les éoliennes, dont elles assurent également la moitié de la production mondiale. Ce dumping et cette politique industrielle volontariste se traduisent par des fermetures d'usines aux États-Unis et en Europe. BP a liquidé une usine dans le Maryland et une autre en Espagne, au profit de sa joint-venture en Chine. Evergreen Solar, entreprise du Massachusetts, a supprimé trois cents emplois aux États-Unis, après avoir drainé des capitaux américains pour installer une usine en Chine. Les exemples de ce type foisonnent.

Après avoir touché les secteurs traditionnels de l'industrie, les délocalisations concernent maintenant les secteurs à haute technologie, les industries vertes, sur lesquelles les Occidentaux comptaient pour sortir de la crise. Une des énergies du futur sur laquelle misent les États-Unis pour réduire leurs importations pétrolières et gazières est le gaz de schiste. C'est même le nouveau rêve américain, puisque les réserves estimées de cette nouvelle source d'énergie devraient assurer trente ans de consommation d'équivalent gaz. La technologie n'est pas encore très au point, et les risques de pollution, sérieux. Ce n'est pas pour arrêter les Chinois qui ont suivi au jour le jour les efforts américains et se sont lancés à leur tour dans l'exploration. Déjà, China National Petroleum, le plus important producteur de pétrole et de gaz du pays, a bâti un plan stratégique. À l'horizon 2030, la production de gaz naturel chinoise devrait avoir triplé à trois cents milliards de mètres cubes, dont un cinquième pour les gaz de schiste. Actuellement, pas un mètre cube de gaz de schiste ne sort de terre en Chine. Mais le volontarisme chinois a réalisé d'autres miracles. D'autant que les Américains vont les aider. En novembre 2009, quelques semaines seulement avant le sommet de Copenhague sur le climat, Barack Obama, lors de sa visite d'État à Pékin, signe un accord de coopération sur les gaz de schiste. Naïvement, le président américain espère, par cet accord, accélérer la reconversion de la Chine vers des énergies moins polluantes. Ce pacte n'empêchera pas le président Hu Jintao d'humilier le président américain, lors du sommet de Copenhague[26], fin 2009. Mais, surtout, Pékin voit dans cet accord la possibilité d'accéder très vite à des technologies que la Chine ne maîtrise pas. Dans la foulée, les groupes chinois vont conclure une série d'accords avec les sociétés américaines ayant des concessions de forage aux États-Unis. CNOOC signe deux contrats avec Chesapeake Energy, qui lui donnent accès aux forages du numéro un américain du secteur. PetroChina a investi 5,4 milliards de dollars dans une société, Encana, installée à Caligary. Les analystes ont été surpris du prix payé par PetroChina, bien trop élevé à leur avis. À cela, un dirigeant de China National Petroleum a répondu : « *Nous ne faisons pas spécialement attention à ce que pensent les marchés sur le prix que nous aurions payé. Notre priorité est d'obtenir un accès à une ressource et à une technologie : le prix est une considération secondaire.* » On ne saurait mieux dire.

Dans quatre secteurs industriels clés – le ferroviaire, le nucléaire, l'automobile et l'aéronautique –, la Chine étale désormais au grand jour ses ambitions. Dans le ferroviaire, elle est aujourd'hui le numéro un mondial pour les trains à grande vitesse. Son douzième plan quinquennal prévoit de faire passer, en 2015, de 7 500 à 45 000 kilomètres les lignes à grande

26. Lors d'une réunion à huis clos de vingt-cinq chefs d'État ou de gouvernement, le 18 décembre, Wen Jiabao, le Premier ministre chinois, laissera sa place, face à Barack Obama, à son vice-ministre des Affaires étrangères. Celui-ci, très cassant, refusera tout compromis et fera même la leçon aux Occidentaux.

vitesse. Pour un investissement de 745 milliards de dollars. Le ministère des Chemins de fer pilote deux sociétés publiques, avec des filiales cotées en Bourse qui se partagent le marché. L'une a « digéré » la technologie du train rapide japonais. L'autre celle de Siemens. Tous les observateurs ont été ébahis de la rapidité avec laquelle ces entreprises avaient construit les lignes à grande vitesse chinoises. Et surtout, des prix pratiqués. Le mile de lignes reviendrait à 15 millions de dollars, alors qu'aux États-Unis, le prix s'élèverait au moins à 80 millions de dollars. Là où le cas du ferroviaire devient exemplaire, c'est que, désormais, les deux entreprises chinoises, fortes de leur marché intérieur, s'attaquent au marché mondial. Elles ont obtenu un contrat en Grande-Bretagne pour la ligne Londres-Écosse. Elles construisent des lignes à grande vitesse en Turquie, au Venezuela, ont de bons espoirs en Pologne, en Arabie Saoudite. Elles ont même des projets pour relier Shanghai à Berlin, *via* Téhéran et Prague. Nec plus ultra, voilà que China Southern Railways s'attaque au marché américain. Elle propose, non seulement de réaliser la ligne San Francisco-Los Angeles, mais aussi de la financer. La Commercial Bank of China pourrait apporter de 10 à 12 milliards de dollars sur une facture globale de 43 milliards. Enfin, CSR a signé un accord avec General Electric pour transférer « sa » technologie des trains à grande vitesse aux groupes américains. En principe, 80 % des locomotives et autres équipements seraient fournis par des sous-traitants américains, ainsi que l'assemblage final, les Chinois transférant la technologie et fournissant les ingénieurs et 20 % des composants. Le monde à l'envers !

Reste qu'il y a peut-être un lézard dans les performances chinoises. En pleine fête du Nouvel An chinois, on a appris la démission surprise du ministre des Chemins de fer, Liu Zhijun, et sa mise en examen par la commission disciplinaire du parti pour «*une sérieuse entorse à la discipline*». Un euphémisme chinois pour désigner la corruption. Du coup, certaines langues se délient. On murmure que, pour réaliser leurs objectifs, les sociétés chinoises auraient quelque peu rogné sur la qualité des produits, et donc la sécurité. Le train à grande vitesse chinois serait incapable de maintenir une vitesse moyenne de 350 km/h au-delà de quelques années. En clair, les constructeurs, avec la bénédiction du ministre et du système bureaucratique, auraient privilégié des sous-traitants chinois vendant des matériaux de qualité médiocre, plutôt que d'acheter des composants plus chers et plus fiables à des fournisseurs étrangers. L'accident survenu en juillet 2011 accrédite cette thèse. D'aucuns verront cependant dans ces accusations le dépit des concurrents japonais, allemands et autres, face à la percée chinoise. Reste que la qualité, la fiabilité et la sécurité sont des points faibles de la Chine. Dans les transports comme dans l'énergie, notamment nucléaire, ce sont toutefois des éléments avec lesquels on ne peut pas jouer.

Le nucléaire a constitué un des investissements majeurs des Chinois depuis bien longtemps. Ils ont su s'approprier la technologie des quatre réacteurs vendus par EDF et Framatome dans les années 1980 et 1990. Au fil des ans, ils ont installé, seuls, neuf réacteurs supplémentaires et mis en chantier vingt-six autres. Ils ont, fort habilement, mis en concurrence Areva et son EPR, avec l'alliance Toshiba-Westinghouse (les

AP1000) pour les centrales de troisième génération. À l'horizon 2020, l'objectif est d'atteindre 40 gigawatts. À comparer aux 11 gigawatts actuels. Tout au long des discussions avec les Français, les Japonais et les Américains, les négociateurs de la National China Nuclear Corporation[27] ont cherché à obtenir le maximum de transferts de technologie. En faisant monter les uns et les autres au cocotier. Leurs ambitions vont encore au-delà, puisque l'objectif est bien de contrôler la totalité du cycle du nucléaire, ce qui passe par la maîtrise du retraitement des combustibles usés. La Chine n'a pas beaucoup de réserves d'uranium et son autonomie nucléaire dépendra de ses capacités à réutiliser, comme à La Hague, les combustibles brûlés. Au début de 2011, CNCC a affirmé avoir réussi une telle expérimentation sur un réacteur pilote. De là à passer à un stade industriel, c'est une autre affaire. Reste que l'énergie nucléaire est un objectif prioritaire pour Pékin, qui entend y consacrer les moyens nécessaires. Et ce, malgré l'accident de Fukushima. Les chercheurs travaillent déjà sur la quatrième génération : celle des réacteurs à neutrons rapides.

16 novembre 2010. À l'ouverture du salon aéronautique de Zhuhai, la Comac (Commercial Aircraft Corporation of China) annonce les cent premières commandes de son C919. Un avion de cent soixante-huit places, destiné à concurrencer les deux modèles les plus commercialisés au monde, l'Airbus A320 et le Boeing 737. Tous ceux qui ont vu la maquette du C919 lui trouvent beaucoup de similitudes avec l'A320. Cela ne serait pas étonnant, puisque Airbus

27. NCNC est l'équivalent de ce que serait un groupe unique englobant EDF, le CEA et Areva.

a ouvert une usine d'assemblage de l'A320 à Tianjin, en contrepartie de l'achat de cent cinquante appareils par les compagnies locales. Pour le C919, la Comac a fait appel à des équipementiers américains et européens... qui ont répondu présent, malgré les risques liés aux transferts de technologie. Les compagnies aériennes et les consommateurs chinois sont devenus exigeants. Ils préfèrent acheter chinois, mais veulent des modèles dernier cri et non des copies d'anciennes versions. C'est ainsi que la Comac a choisi la société commune entre Safran et General Electric pour fournir les moteurs. Au lieu de prendre celui qui équipe les A320 et les 737, Comac a exigé d'avoir la version en cours de développement, le LeapX, qui permet de notables économies de carburant. Airbus et Boeing vont donc être contraints de repenser toute leur stratégie de développement. Non seulement le C919 les prive de parts de marché en Chine, mais il leur en retire aussi sur le marché mondial, car il est destiné à être vendu à l'exportation. La Comac avait déjà développé un modèle plus petit pour les liaisons à l'intérieur de la Chine. En mars 2011, le groupe chinois a signé un accord de coopération avec le canadien Bombardier qui apporte ses compétences en matière de maintenance dans le monde. Dans l'aviation d'affaires, le fabricant américain d'avions de tourisme Cirrus a été racheté par le principal holding aéronautique chinois. Enfin, des accords de coopération ont été conclus avec le constructeur aéronautique brésilien Embraer.

L'automobile est un autre cas de figure emblématique. En 2010, la Chine est devenue le premier marché mondial, avec 13,9 millions de véhicules immatriculés. Les Occidentaux ont profité de ce boom, notamment les groupes allemands. Les Audi, Mercedes et

BMW pullulent dans les rues de Shanghai. Les ventes de Mercedes ont augmenté de 71 %, et celles de BMW de 85 %, en 2010. Les ventes de voitures de luxe, qui ne pèsent aujourd'hui que 6 % du marché chinois, sont d'ores et déjà comparables à celles du marché européen – avec un profil d'acheteur nettement plus jeune que dans la Vieille Europe – et devraient leur être trois fois supérieures dans dix ans. Parallèlement, les groupes automobiles locaux montent en puissance et cherchent des relais à l'étranger. L'objectif a été clairement affiché : faire en sorte que 70 % des besoins chinois soient couverts par des constructeurs nationaux. Chery, premier constructeur automobile, fondé en 1997, s'est spécialisé dans les voitures en kit, à moins de 10 000 dollars, composants fabriqués en Chine et assemblage final à l'étranger. En 2010, la firme a à ce jour exporté cent mille voitures, et prévoit, à l'horizon 2015, d'en vendre deux cent quarante mille à l'étranger. Un investissement de 700 millions de dollars est à l'étude au Brésil. Pour le moment, Chery vise les marchés des pays émergents, et, à terme, l'Europe. La Catalogne va servir de cheval de Troie, puisque Chery doit y ouvrir une usine employant trois mille personnes.

D'autres constructeurs ont choisi de racheter des marques et du savoir-faire. Geely, seul groupe purement privé du secteur, a démarré en 2001. Il est à présent le deuxième exportateur de véhicules chinois et a racheté à Ford, début 2010, le constructeur suédois Volvo. SAIC, le leader chinois, avait noué un partenariat avec Volkswagen en 1984. Puis, il y a quelques années, il a racheté les marques britanniques MG et Rover. Elles lui permettent maintenant d'attaquer le marché haut de gamme sur son sol. Changan discute avec Ford d'un développement conjoint dans les pays émergents. Hawtai Motor, producteur privé, a acquis 30% de Saab et va produire sous cette marque en Chine.

Mais la grande affaire, pour les constructeurs automobiles et le gouvernement chinois, reste le développement des véhicules hybrides et électriques. Le marché automobile chinois devrait atteindre trente millions de véhicules par an en 2030. À cette date, les voitures sorties des usines locales seront toutes à base des nouvelles technologies sur lesquelles les laboratoires chinois travaillent. La Chine est parfaitement consciente des problèmes environnementaux : 70% de ses émissions de CO_2 proviennent du transport qui nécessite de plus en plus d'importations de pétrole. Selon la Banque mondiale, le gouvernement chinois va dépenser 15 milliards de dollars au cours des cinq prochaines années pour la production et la vente de voitures électriques. Là comme ailleurs, on explique que «*l'argent n'est pas un problème*». D'ores et déjà, la politique volontariste a permis une normalisation des équipements de recharge des voitures électriques. Celles-ci vont être testées dans les villes moyennes chinoises qui représentent – et de loin – l'essentiel du marché. Les Chinois adoptent pour l'automobile la même politique qu'ailleurs. On appâte les Occidentaux en soufflant le chaud et le froid. S'ils veulent continuer de profiter de l'essor du marché chinois et voir leurs investissements approuvés par l'administration, ils sont très vivement encouragés à créer une nouvelle marque locale – qui sera également la propriété de leur partenaire chinois local – aux consonances plus chinoises.

CHAPITRE V

Créer des marques chinoises

« *Un Russe conduit sa voiture Geely dans la toundra, un Américain prend une bière dans son minibar Haier, une BYD fend l'autoroute de Dubaï, pendant qu'un Européen pianote sur son ordinateur portable Lenovo*[28]*...* » La volonté de créer des marques est désormais omniprésente dans la stratégie chinoise. Elle est le prolongement de l'internationalisation des groupes chinois. Amorcée dans les années 1990, cette politique du « zou chuqu »[29] passe par l'identification d'un produit à un nom chinois, généralement celui du groupe qui le fabrique. Pékin voudrait compter, d'ici à 2020, cinquante firmes chinoises, qui seront autant de marques, dans le classement *Fortune* des cinq cents premières entreprises mondiales. Une ambition qui n'a rien de démesuré, puisqu'elle en dénombre déjà trente-sept, soit presque autant que l'Allemagne ou la France. Aucun secteur n'échappe à cette stratégie. Ainsi, le groupe textile Li & Fung, fournisseur de Wal-Mart et de Zara, entend désormais monter en gamme.

---

28. *Le Figaro*, 29 janvier 2010.
29. Littéralement : « aller dehors ».

Basé à Hong Kong, propriété de deux frères, Victor et William Fung, le groupe a éliminé peu à peu tous ses principaux concurrents locaux. Il a été l'un des pionniers dans les nouveaux systèmes de logistique hyperréactifs : le client lui passe commande par Internet avec un design bien spécifique ; le groupe sous-traite ensuite à une usine chinoise dont il n'est pas propriétaire. Il gère les fournisseurs de matières premières et prend au passage une commission auprès de l'usine productrice. Sans oublier la marge substantielle sur sa facturation au client. Li & Fung peut fournir n'importe quel vêtement à n'importe quel client, dans n'importe quel endroit du monde. Le groupe compte désormais trente-cinq mille employés pour un chiffre d'affaires de 16 milliards de dollars. À la fin de 2010, il a racheté Cerruti, quelque peu tombé en déshérence depuis le départ du fondateur. Une acquisition qui «*s'inscrit dans [notre] stratégie visant à investir dans des marques emblématiques ou à détenir des licences à très long terme dans le prêt-à-porter masculin haut de gamme et luxe*». On ne peut être plus clair.

Cet intérêt des groupes chinois pour le luxe n'est pas nouveau, puisque Lanvin appartient à une milliardaire taïwanaise depuis 2001, et que ST Dupont est contrôlé par un magnat chinois. Ces rachats sont indiscutablement facilités par les fonds d'investissement. Bien des groupes de luxe les ont fait entrer dans leur capital au cours de la dernière décennie. Désireux d'externaliser leurs plus-values, ces fonds cherchent maintenant des acheteurs potentiels... Ils les trouvent, en Asie du Sud-Est, plus spécialement en Chine, où sociétés d'État ou capitalistes privés sont prêts à payer plus cher que n'importe quel investisseur occidental. L'argent, on le sait, n'a pas d'odeur.

Si les Chinois achètent des marques de luxe, l'importance de leur marché conduit également les groupes occidentaux à développer eux-mêmes des marques locales. On est passé du *made in China* au *made for China*. L'Oréal, qui avait racheté, en 2004, Yue-Sai, une marque de soins et de maquillage de luxe, songe à l'internationaliser. Richemont possède une griffe à Hong Kong. Mais c'est Hermès qui a le plus secoué le monde du luxe, en présentant, fin 2010, une nouvelle marque créée de toutes pièces, Chang Xia, installée à Shanghai, qui a «*pour vocation la création, la fabrication et la diffusion d'objets mettant en œuvre des matières premières et des savoir-faire artisanaux chinois d'excellence*». On peut comprendre la motivation à court et moyen terme d'Hermès. Elle a besoin du marché chinois, comme elle a besoin de la soie chinoise[30]. Reste qu'à long terme Hermès joue avec le feu. Le plus beau symbole du luxe à la française ne va-t-il pas peu à peu se siniser et perdre ainsi son âme?

L'âme est une chose relativement étrangère à Wal-Mart. Première entreprise mondiale avec 420 milliards de dollars de chiffre d'affaires, le groupe de distribution de l'Arkansas, fondé par Sam Walton en 1962, pèse aujourd'hui plus de 3% du PIB américain, et assure 8% des exportations chinoises outre-Atlantique. Si le groupe était un pays, il serait le septième acheteur de la Chine. L'alliance entre Wal-Mart et

30. La Chine applique au ver à soie la même politique que pour les terres rares. Elle bloque les exportations de la matière première pour la réserver à ses producteurs. LVMH cherche à diversifier ses sources d'approvisionnement. Mais les mûriers ne poussent pas partout et il faut un vrai savoir-faire pour transformer les vers à soie. Madagascar pourrait devenir une source alternative pour les grands du luxe.

la Chine est le symbole même de la globalisation. Sans Wal-Mart, la percée à l'exportation de la Chine, notamment sur le marché américain, n'aurait pas été ce qu'elle a été. Sans la Chine et ses produits *low cost*, Wal-Mart n'aurait jamais pu devenir le numéro un mondial de la distribution. Désormais, le groupe accélère ses investissements en Chine. Voilà des années qu'il y a ouvert, comme Carrefour, des magasins. Il en compte plus de deux cents. Maintenant, il investit dans le *on line*. Ainsi, Wal-Mart vient d'entrer, pour 500 millions de dollars, dans le capital de 360buy.com, une *start-up* chinoise de vente en ligne, notamment de produits électroniques, avec un chiffre d'affaires de 1,5 milliard de dollars en 2010. Ce partenariat de longue date entre la grande distribution occidentale et la Chine ne lui assure pas pour autant un traitement de faveur. Le système politique chinois permet de rappeler régulièrement aux multinationales et aux entreprises étrangères que leurs positions sont fragiles : le ciel peut, à tout moment, leur tomber sur la tête.

Plus le temps passe, plus la Chine se développe, moins le rapport de force est favorable aux multinationales. Ainsi, Wal-Mart et Carrefour ont été clouées au pilori, début 2011, par l'organe gouvernemental de planification économique. Celui-ci a relevé des tricheries sur l'étiquetage des prix dans onze magasins de Carrefour et trois de Wal-Mart. Des tricheries effectivement scandaleuses. Qu'on en juge ! Un sous-vêtement pour homme, en promotion à 50,7 yuans, mentionnait un prix initial de 169 yuans, alors qu'il n'était que de 119 yuans. Dans le Yunan, un Carrefour vendait des calamars 138 yuans, avec une étiquette où le 13 était affiché en plus gros caractères que le 8. Le consommateur pouvait croire à tort que le prix était de 13,8 yuans ! Résultat des courses : les revenus « illégaux » ont été saisis et les magasins visés sont condamnés à des amendes pouvant aller jusqu'à 500 000 yuans. Voilà de quoi faire rêver les associations de consommateurs occidentales ! Sans doute Carrefour a-t-il plus peur de Pékin que de Bercy, puisque son porte-parole en Chine a présenté « *les excuses sincères du groupe* » et promis d'offrir aux clients concernés cinq fois le préjudice estimé. Wal-Mart a également fait acte de contrition.

Le temps de l'arrogance est passé. Les multinationales doivent désormais apprendre à courber l'échine devant les futurs maîtres du monde. Certes, il leur arrive d'avoir encore quelques sursauts. Des entreprises occidentales dénoncent régulièrement les discriminations dont elles souffrent sur les marchés publics chinois et dans la compétition pour les commandes des grands groupes d'État. En 2010, des groupes industriels allemands, notamment Siemens et le chimiste BASF, se sont plaints publiquement auprès du Premier ministre Wen Jiabao, du blocage de certains de leurs investissements. Un sondage réalisé par la Chambre de commerce américaine en Chine a montré que 38 % des entreprises sondées avaient le sentiment que les sociétés étrangères étaient de moins en moins les bienvenues sur le marché local. Elles dénoncent notamment des dispositions prises par Pékin sur « *l'innovation indigène* ». Selon une nouvelle directive publiée fin 2010, les entreprises voulant répondre aux appels d'offres publics doivent désormais faire recenser leurs produits contenant des « *innovations indigènes* » susceptibles d'être achetés par les différentes agences d'État. Une manière habile d'introduire une discrimination. Certes, les entreprises étrangères dont les produits ont été développés hors de Chine ou dont les brevets originels ont été enregistrés ailleurs peuvent toujours concourir pour les marchés publics. Mais les agences d'État seront bien évidemment enclines à acheter les matériels, logiciels et autres qui incorporent le maximum d'« innovations indigènes ». Que ne dirait-on pas, si l'Europe, par exemple, appliquait la même règle ! Le problème avec la Chine n'est pas que ce pays pratique une politique industrielle volontariste, privilégiant désormais les produits et les technologies *made in China*, mais bel et bien que l'Occident soit désormais incapable d'appliquer la même stratégie. Au nom des règles de l'OMC et du libre-échange que Pékin, de son côté, interprète à sa guise. C'est particulièrement flagrant dans le secteur du BTP. Fin 2009, un consortium d'entreprises chinoises a remporté deux contrats pour la conception et la construction de tronçons d'autoroute en Pologne, au nez et à la barbe de groupes polonais, allemands et espagnols. Pour ce faire, le consortium a cassé les prix. Il a proposé deux à trois fois moins que la facture estimée par les Polonais eux-mêmes. Un dumping rendu possible par le recours à des experts et à des ouvriers chinois payés au tarif chinois et non européen. Une pratique que les groupes chinois de BTP ont généralisée sur toute la planète. Le pire – si l'on peut dire – est que le projet d'autoroute est financé en partie par la Banque européenne d'investissement. Bruxelles n'a rien trouvé à redire. Dans le même temps, les grands groupes occidentaux, notamment français, du secteur, éprouvent les pires difficultés à obtenir des contrats en Chine. Car la réciprocité, là aussi, n'est pas de mise.

CHAPITRE VI

Accumuler des réserves pour acheter le monde

Les dirigeants chinois savent, depuis toujours, qu'ils ont engagé une course de vitesse. Il leur faut engranger le maximum de recettes à l'exportation, accumuler des réserves, pour acquérir non seulement une indépendance financière, mais aussi le pouvoir que donne l'argent. Nous avons clairement franchi une nouvelle étape, qui doit permettre à la Chine de développer sa politique sur plusieurs fronts : poursuivre la montée en puissance de sa classe moyenne ; lâcher du pouvoir d'achat et de la protection sociale pour développer son marché intérieur ; assumer le vieillissement de la population et en financer, à terme, les conséquences ; développer une diplomatie conquérante ; devenir une grande puissance militaire et spatiale.

En 2000, les réserves de la Banque de Chine atteignaient à peine 200 milliards de dollars ; en 2004, 610 milliards ; en 2009, 2 399 milliards ; En 2011, fin mars, elles dépassent les 3 050 milliards de dollars[31]. À cela s'ajoutent les masses de manœuvre accumulées

31. On pourrait y ajouter les réserves de Hong Kong, d'un montant supérieur à 130 milliards de dollars.

par les fonds d'investissement chinois, à commencer par le principal fonds souverain, la China Investment Corporation (CIC), créée en 2007, qui gère 300 milliards de dollars. Plus de 200 milliards ont été investis à l'étranger. Où ? Le secret est bien gardé, même si un coin du voile commence à être levé. Ainsi, la CIC a investi une dizaine de milliards de dollars dans les actions des principales sociétés américaines. Elle a aussi participé à des acquisitions importantes dans le domaine pétrolier et dans la finance.

L'argent de la Banque de Chine est placé : les deux tiers en dollars, le reste essentiellement en euros. La Chine détient, au total, 1 600 milliards de dollars d'obligations du Trésor américain. Elle est ainsi devenue le premier acheteur, en 2009, devant le Japon, de bons du Trésor. On se focalise, à juste titre, sur la nouvelle dépendance des États-Unis à l'égard de son principal créancier. Il est vrai que le Trésor américain doit en tenir compte. Mais la structure de la dette américaine – comme on le verra plus loin – est telle que Washington pourrait, à la limite, s'en passer. La Chine détient moins de 10 % de la totalité de la dette américaine qui reste, pour les deux tiers, dans des mains nationales. Pourquoi engranger de telles réserves ? Tout simplement, pour conserver une hypercompétitivité que l'inflation interne, qui a été pendant dix ans très contrôlée, ne pouvait pas réduire. Les autorités de Pékin réagissent toujours très vivement à l'accusation de dumping monétaire. C'est pourtant une évidence. L'analyse des principaux agrégats de la comptabilité chinoise le prouve.

Depuis le début du XXIe siècle et son adhésion à l'OMC, la Chine a augmenté annuellement ses réserves de change d'un montant équivalent à celui des soldes globaux de ses opérations courantes (exportations et importations de biens et services, investissements directs et opérations financières). Avec plus de 3050 milliards de réserves pour un PIB de près de 6000 milliards, et un rapport de un à dix entre sa dette extérieure et ses avoirs, la Chine explose toutes les normes habituelles. On estime généralement que les réserves de change ne doivent pas dépasser 10 % du PIB, sauf à vouloir pratiquer un protectionnisme monétaire. L'afflux des investissements directs occidentaux en Chine, avec des transferts de technologie, et la montée en puissance des soldes commerciaux ont entraîné une forte progression de la productivité. Les hausses de salaire n'ayant pas suivi le même rythme, la compétitivité du *made in China* s'est maintenue. Certes, Pékin aurait pu réévaluer beaucoup plus le yuan, redistribuer une partie de ses excédents à sa population, sous forme de hausse de salaire et d'une meilleure protection sociale. Au risque de nuire à la compétitivité, de relancer l'inflation et de dégonfler les excédents commerciaux et, par voie de conséquence, les réserves de change. Le débat à l'intérieur des instances du Parti communiste chinois existe, même si les échos à l'extérieur restent discrets. Au lendemain de la crise, les revendications pour des augmentations de salaire ont fleuri un peu partout. Les entreprises ont souvent été obligées d'accorder 20 à 30 % supplémentaires. Ce qui n'a fait que conforter le gouvernement dans sa volonté de maintenir la parité yuan/dollar et de poursuivre sa politique d'accumulation des réserves. Pour préserver la compétitivité à tout prix. Car la longue marche de l'empire du Milieu pour retrouver une prééminence mondiale n'est pas encore achevée. Il lui faut encore et toujours engranger des soldes commerciaux. Encore et toujours récupérer des fonds, des investissements, des technologies de l'Occident. Encore et toujours accumuler du *cash*, afin de pouvoir distribuer sans compter aides, investissements et prébendes aux quatre coins du monde. Et devenir ainsi incontournable.

Les réserves de la Banque de Chine servent aussi de gage, de caution à une distribution massive de crédits du système bancaire, qui représentent aujourd'hui 140 % du PIB. Et à des subventions gouvernementales. Pékin et les autorités locales peuvent ainsi allouer massivement crédits et capital aux différents secteurs industriels, à des agences d'État ou à l'État tout simplement, pour qu'ils mènent une politique agressive à l'extérieur, notamment pour sécuriser les approvisionnements en matières premières.

Le premier continent visé a été l'Afrique. Sans doute parce qu'il est le moins structuré et que les Occidentaux, anciennes puissances coloniales, y sont en perte de vitesse. Sans doute aussi parce qu'il y est plus facile d'acheter des voix, qui pourront se révéler fort utiles à l'ONU et dans diverses instances internationales. La Chine a commencé par le Soudan et les autres pays pétroliers. Un tiers de ses importations de pétrole viennent de ce continent. Mais la politique chinoise est beaucoup plus globale. Elle ne se contente pas d'acheter les matières premières, ni même de financer les infrastructures nécessaires à leur extraction et à leur transport. Elle veut limiter ses déficits commerciaux avec ce continent et faire en sorte que ses entreprises et sa main-d'œuvre y trouvent des débouchés. En 2010, les importations en provenance d'Afrique ont dépassé les 65 milliards de dollars, mais les exportations chinoises vers ce continent ont atteint 60 milliards. De 2005 à 2010, 14 % des investissements chinois à l'étranger ont été dirigés vers l'Afrique subsaharienne[32]. Selon un rapport du gouvernement chinois, mille six cents entreprises ont choisi d'installer une implantation industrielle en Afrique. Si le secteur minier représente 29 % du total des investissements, le secteur manufacturier en absorbe 22 %. Ces investissements concernent bien souvent des infrastructures. Des accords pour plus de 50 milliards de dollars ont été signés en 2010. Dans le secteur agricole, la Chine a apporté 5 milliards de dollars.

Ces prêts, ces financements, qu'ils soient accordés par l'État ou les banques chinoises, sont soumis à des conditions strictes. L'argent est d'abord bloqué sur des comptes à Pékin. Lorsque les compagnies chinoises obtiennent les contrats, l'argent est alors transféré au fur et à mesure de leur exécution dans le pays concerné. À charge pour elles de rémunérer leurs sous-traitants locaux et de distribuer d'éventuelles prébendes. Comme l'écrit *The Economist*, « *l'Afrique, pour le meilleur et pour le pire, récupère des routes et des ports, mais jamais de* cash ». En prime, Pékin peut offrir des écoles, des hôpitaux, des palais présidentiels. Il peut aussi récompenser les « bons Africains ». C'est ainsi que des dirigeants syndicaux sont invités à des voyages d'études en Chine, qui passent par différents salons de massage. Plus sérieusement, en Namibie, on finance les études des enfants des ministres. Enfin, des dizaines de milliers de Chinois arrivent dans les bagages des entreprises

32. 316 milliards de dollars ont été investis par la Chine à l'étranger sur la période 2005-2010. Source : Heritage Foundation.

de leur pays : managers, contremaîtres, travailleurs, mais aussi commerçants et tous ceux qui rêvent de faire fortune[33].

Selon un ancien responsable de la Banque africaine de développement[34], en dix ans il est venu plus de Chinois en Afrique que d'Européens en quatre cents ans. Un choc culturel, qui commence à poser de sérieux problèmes de rejet au sein des populations africaines, considérées souvent avec mépris par les Chinois qui dénoncent leur peu d'ardeur au travail. Des tensions qui montent d'autant plus en intensité, que les commerçants chinois importent des produits de Chine en cassant les prix des produits locaux. En Zambie, à Lusaka, ils proposent du poulet chinois à un tiers seulement du prix du poulet local. En Tanzanie, les divisions sont devenues si vives que les Chinois ont été interdits de vente sur les marchés.

En Amérique latine, les accords se multiplient avec le Chili, le Pérou, le Brésil, l'Argentine, Cuba, etc. Le processus est toujours le même : en échange de contrats d'approvisionnement à long terme, les entreprises chinoises construisent les infrastructures nécessaires, en faisant appel le plus souvent à leur propre main-d'œuvre. Aujourd'hui, elles ont de grands projets en Colombie, avec l'idée notamment de construire une ligne de chemin de fer de

33. La diaspora commerçante chinoise est un vecteur privilégié pour les exportations de la « mère patrie ». En Europe aussi. À Aubervilliers, en région parisienne, une zone commerciale chinoise couvre 40 000 mètres carrés, avec 800 magasins (la plupart contrôlés par une famille de Wenzhou). Avec 500 emplois, tous réservés à des Chinois dans une ville où le taux de chômage atteint les 20 %.

34. *The Economist*, 23 avril 2011.

220 kilomètres, de l'Atlantique au Pacifique. Il s'agirait de doubler le canal de Panamá, engorgé et étroitement contrôlé par les Américains. Mais l'autre objectif serait de transporter les minerais de charbon situés près de l'Atlantique et de les acheminer ensuite vers la Chine, *via* le Pacifique[35]. Le minuscule État du Surinam, l'ancienne Guyane néerlandaise, est l'objet de toutes les attentions de Pékin. Un projet de solidarité a été conclu avec le président local. Ce dernier a pour particularité d'avoir échappé à Interpol après une condamnation en 1999 pour trafic de cocaïne aux Pays-Bas. Accessoirement, il est également poursuivi pour l'assassinat de ses principaux opposants dans les années 1980. Un passé sulfureux qui ne gêne pas l'ambassadeur de Chine à Paramaribo, lequel ne tarit pas d'éloges sur ce pays qui a *« la chance d'avoir une population si faible pour un territoire si vaste »*. La Chine construit des ministères, des logements sociaux, soutient la culture des crevettes, apporte une assistance militaire. Des investissements qui s'accompagnent d'une immigration chinoise qui représente aujourd'hui 10 % de la population (cinq cent mille habitants).

Dans le sous-continent indien, la République populaire a tissé un réseau d'alliances commerciales et maritimes, en prenant appui à chaque fois sur des ports, dont elle finance le développement. Au Pakistan, elle a construit celui de Gwadar, dans la

35. Pékin développe des opérations triangulaires avec Cuba et le Venezuela en finançant pour plus de 10 milliards de dollars la réhabilitation de deux raffineries cubaines. Un crédit gagé sur une garantie d'approvisionnement en pétrole brut du Venezuela, Cuba s'engageant à livrer ensuite une partie des produits raffinés à la Chine.

province du Baloutchistan. En Birmanie, un allié traditionnel, trois ports sont en cours de développement. Même chose au Bangladesh, avec celui en eau profonde de Chittagong, et au Sri Lanka, où Pékin avait par ailleurs financé une partie de l'effort de guerre du gouvernement contre les indépendantistes tamouls. L'Inde s'inquiète de cette stratégie qui ressemble fort à un encerclement. Pékin la justifie par la nécessité d'avoir des points d'appui portuaires pour sécuriser ses routes maritimes, notamment les supertankers qui lui apportent l'essentiel des dix millions de barils de pétrole dont elle a besoin quotidiennement.

Dans l'ancienne route de la Soie, les confettis de l'ex-empire soviétique sont désormais l'objet de toutes les attentions des commerçants, ingénieurs et diplomates chinois. Sans parler des militaires. Pékin ne voit pas d'un bon œil l'influence américaine dans la région et l'installation de bases militaires, notamment en Kirghizie. Le gaz et le pétrole de la région de la mer Caspienne, sur lesquels les compagnies chinoises ont acquis des droits, sont transportés par de nouveaux pipelines jusqu'au Xinjiang. En outre, les marchandises chinoises transitent par l'ancienne route de la Soie vers la Russie et l'Europe. En 2009, Pékin a offert un prêt de 10 milliards de dollars aux cinq pays de l'Asie centrale.

Dans un premier temps, la Chine a donc privilégié ses investissements à l'étranger dans des pays producteurs de matières premières, dans sa sphère d'influence asiatique traditionnelle. Depuis la crise, elle a fait évoluer sa stratégie. Elle vise désormais les pays sur lesquels elle a construit ses succès industriels et commerciaux. À commencer par l'Europe, avec laquelle elle a des excédents commerciaux considérables :

133 milliards d'euros en 2009, 168 milliards en 2010. La France, pour sa part, à un déficit commercial avec la Chine de 26,1 milliards d'euros[36].

Pékin va appliquer à la Vieille Europe le même traitement qu'à l'Afrique. D'abord, identifier, à la périphérie, les maillons faibles de l'Union. Ceux qui sont prêts à accueillir favorablement les Chinois, parce qu'ils en ont besoin. Ensuite, repérer les zones névralgiques, les sites les plus intéressants, les plus stratégiques, pour y acheminer ses marchandises. Enfin, profiter de la crise de l'euro pour acheter la bienveillance des gouvernements des pays en difficulté.

Première cible : les nouveaux venus dans l'Union européenne à l'est. Des petits États baltes aux Balkans, les groupes chinois investissent dans l'immobilier et participent, toujours en cassant les prix, à des projets d'infrastructure publique. Pékin accorde un prêt de 1 milliard de dollars à la Moldavie. Les joint-ventures se multiplient dans tout le secteur manufacturier. Wanhua a racheté BorsodChem, une société hongroise qui est l'un des principaux producteurs de polyuréthane.

Cette infiltration a pris une nouvelle dimension avec la Grèce, maillon faible de la zone euro. Le géant public chinois Cosco (China Ocean Shipping Company) a pris le contrôle du port du Pirée, qui va devenir un grand port spécialisé pour les conteneurs chinois, transportés sur des bateaux chinois, pour des marchandises chinoises. Objectif? Quadrupler le trafic des conteneurs d'ici à 2015. Le Premier ministre, Wen Jiabao, en visite en Grèce, a annoncé, en outre,

36. Désormais, l'Union européenne absorbe un cinquième des exportations chinoises. Plus que les États-Unis (18 %).

des investissements dans les chemins de fer, dans un centre logistique. Et un crédit de 5 milliards de dollars, pour que les armateurs grecs achètent des bateaux chinois. Cette recherche d'investissement dans les infrastructures concerne toute l'Europe. En Allemagne, les groupes chinois reprennent des ports et des aéroports spécialisés pour les avions-cargos. En Italie, Cosco veut développer le port de Naples et négocie pour un nouvel aéroport de fret à Rome. Avec, là aussi, un objectif: doubler en cinq ans le commerce sino-italien.

La France serait mal venue de critiquer ses voisins, puisqu'elle a déroulé le tapis rouge pour attirer les Chinois dans le centre de l'Hexagone, à Châteauroux. Il y a là un aéroport de taille internationale, avec une longue piste d'atterrissage. Elle date de l'époque où les Américains occupaient cette base, avant que la France ne se retire de l'OTAN sous le général de Gaulle. L'aéroport vivotait dans une région où les activités industrielles ne sont plus légion. En 2009, des négociations ont commencé avec la ville et la région. Châteauroux présente de nombreux avantages pour les Chinois. Son aéroport est au centre de la France qui est au centre de l'Europe. Le trafic aérien n'y est pas intense et les voies de communication (autoroutes et voies ferrées) ne sont pas saturées. Voilà un endroit rêvé pour en faire un des lieux privilégiés d'entrée et de logistique pour les marchandises chinoises acheminées par gros-porteurs. Une société franco-chinoise, contrôlée à 60% par un homme d'affaires chinois, a été créée. Elle doit investir au total 500 millions d'euros, dont une centaine ont d'ores et déjà été fournis par la Banque chinoise de développement. Les collectivités locales mettent à sa disposition 850 hectares et une base militaire qui sera reconvertie en 2012. Les entreprises, au nombre d'une cinquantaine (sociétés informatiques, plates-formes logistiques, énergies renouvelables), vont faire de cette zone franche, à la fiscalité à taux zéro, un centre d'assemblage de composants *made in China*. Au total, cinq mille emplois devraient être créés, dont 80% seraient réservés à de la main-d'œuvre locale. En revanche, l'encadrement sera pour l'essentiel chinois. Les édiles locaux, confrontés à un chômage endémique, voient dans cet accord une bouée de sauvetage. Certes, ils ne sont pas dupes. Ils savent bien que Châteauroux va servir à «blanchir» les produits chinois de haute technologie et à leur donner le label *made in France* pour conquérir des parts de marché en Europe. Stratégie que les groupes américains avaient développée dans les années 1950. Il leur suffit de se rappeler la ville de Prato en Toscane, berceau du textile transalpin. En quelques années, les industriels italiens ont disparu. Ils n'ont pas résisté à la concurrence des ateliers chinois qui importent le tissu en provenance de Chine, emploient des milliers de clandestins chinois et vendent des produits *made in Italy*. Naïveté, cynisme, résignation? En France, comme ailleurs, les responsables politiques affirment ne pas avoir le choix. Ce serait les Chinois ou la désertification.

Cette offensive a été rendue encore plus spectaculaire par la crise des dettes publiques européennes. Ainsi, en pleine négociation avec Athènes, la Banque de Chine a fait savoir qu'elle continuerait d'acheter de la dette grecque. Un engagement qui ne lui coûte rien. Que comptent quelques milliards d'euros d'obligations grecques, dans l'océan des réserves chinoises?

La Banque de Chine a d'ailleurs intérêt à acheter de la dette européenne et à le faire savoir. C'est tout bénéfice pour elle. D'abord, il lui faut réduire insensiblement son exposition vis-à-vis du dollar. Ensuite il importe de maintenir un taux de change yuan/euro favorable pour préserver la compétitivité des produits chinois. Enfin, il convient d'éviter un éclatement de la zone euro et des dévaluations en chaîne qui déstabiliseraient le premier client mondial de la Chine.

Voilà pourquoi, rompant avec une discrétion légendaire, le président et le Premier ministre, lors de leurs visites en Europe fin 2010 et en 2011, ont multiplié les petites phrases à l'égard des pays les plus déstabilisés par leur endettement. À Lisbonne et Madrid, ils ont fait savoir qu'ils achètent et achèteront des obligations de ces pays. En contrepartie – car il y a bien sûr des contreparties –, ils demandent un bon accueil pour les investisseurs chinois et surtout «*de ne pas faire pression sur la Chine sur l'appréciation du yuan*». Pour l'économiste Antoine Brunet, «*en s'introduisant comme créancier, donc comme parrain de ces pays en difficulté, la Chine cherche à détacher l'Europe des États-Unis et à fissurer le front anti-yuan*»[37].

Cette stratégie globale va de pair avec un renforcement de la puissance militaire chinoise. Le sujet est sensible. S'il est évoqué, plus ou moins ouvertement, dans les pays voisins de l'empire du Milieu et fait l'objet de rapports alarmistes du Pentagone, qui défend bien évidemment ses lignes de crédit budgétaires, il est, en revanche, le plus souvent passé sous

37. *Le Monde*, 6 novembre 2010.

silence en Europe. Même les plus critiques à l'égard du régime chinois ne veulent voir dans la Chine aucune menace hégémonique, aucune volonté de conquête territoriale, à plus forte raison de domination du monde par les armes. La Chine, à la différence des Occidentaux, n'a jamais mené de guerre pour étendre son territoire (le Tibet est considéré par la plupart des Chinois comme faisant partie intégrante du pays). Il est vrai que la présence chinoise aux quatre coins du monde ne s'appuie sur aucun militaire, aucun policier. Si la Chine n'a pas de soldats hors de ses frontières, elle peut compter sur une nouvelle diaspora de 5,8 millions de travailleurs, dont un million en Afrique. L'armée rouge a en fait une triple vocation : c'est un des piliers du régime ; un des instruments de la fierté nationale ; un outil pour sécuriser, le cas échéant, des voies de communication vitales pour l'économie du pays.

Depuis l'an 2000, le budget de la défense aurait progressé en moyenne de 11,8 % par an, soit plus que la croissance économique chinoise (9,6 % pendant la même période). Certes, avec un peu plus de 80 milliards de dollars, on est encore loin des 540 milliards du budget américain. Mais, comme pour le PIB, la Chine rattrape son retard.

Ses ambitions dans l'espace sont connues. Alors que les États-Unis, restrictions monétaires obligent, ont renoncé à de futurs vols habités vers la Lune, la Chine, elle, met les bouchées doubles. Une date a même été fixée : 2025. Sa fusée, Longue Marche V, devrait faire un simple tour de Lune vers 2017, l'alunissage étant prévu quelques années plus tard. D'ores et déjà, une zone simulant la surface lunaire, de plusieurs kilomètres carrés, a été installée à côté de

Pékin. La maîtrise des fusées balistiques est un autre axe de développement de l'armée chinoise. Un missile antinavire pourrait être opérationnel dès 2015. Cet engin, capable de frapper un terrain de football, c'est-à-dire un porte-avions, à 2 500 kilomètres de distance, donne des sueurs froides aux amiraux américains, car il menacerait toute la flotte déployée dans le Pacifique. La force navale est également l'objet de toutes les attentions du gouvernement chinois. Son développement est spectaculaire. Elle compterait aujourd'hui quelque soixante-quinze bâtiments de combat, plus de soixante sous-marins, quatre-vingt-cinq patrouilleurs. Plusieurs porte-avions devraient être mis en chantier. Ainsi, une unité achetée à l'Ukraine est en cours de reconditionnement, avec l'assistance des Russes. Ce premier porte-avions devrait être opérationnel en 2012. Plusieurs incidents navals, notamment entre la Chine et le Japon, ont montré que l'océan pouvait devenir, aujourd'hui comme hier, un lieu d'affrontement privilégié. Certes, on pense à Taïwan, un tiers de l'armée chinoise étant déployé face à l'île. Mais parions que jamais elle ne se déploiera pour conquérir l'ancienne Formose. Celle-ci est déjà aux mains de Pékin. Les liens culturels, économiques et financiers sont si étroits que les élites de ces deux morceaux de la Chine ont partie liée. En revanche, avec ses voisins, voire avec l'Inde, les sujets de friction peuvent déboucher un jour sur des affrontements militaires. Non pas sur terre, mais sur mer, tant les voies de communication, leur contrôle, leur sécurité, sont désormais essentiels pour le régime chinois. Les océans sont également un gisement potentiel de matières premières. On sait combien la Chine a besoin de nodules polymétalliques, d'amas sulfureux. Elle réclame le droit d'exploitation dans la mer du Sud de Chine et divers archipels. D'où de vives tensions avec les pays riverains. Elle a été le premier pays à se porter candidat pour l'attribution d'une zone contractuelle de dépôts sulfurés dans les eaux internationales. Développé en secret depuis 2003, un submersible habité est en cours de développement. Il a déjà atteint 3 700 mètres de profondeur et devrait être, à la fin des essais, capable d'opérer à 7 000 mètres. Ce submersible fait partie de l'un des plus grands programmes chinois de recherche et développement, le plan 863, auquel une centaine d'instituts de recherche et de sociétés participent.

Pendant des siècles, la Chine a vécu en autarcie. Elle n'avait pas besoin du reste du monde et condescendait à lui vendre ses meilleurs produits. Aujourd'hui, elle a bâti sa stratégie de revanche sur un modèle mercantiliste, qui repose entièrement sur l'exportation de biens et de services et un accès privilégié aux matières premières. Que les flux viennent, pour une raison ou pour une autre, à se tarir, et le régime peut être tenté d'utiliser son appareil militaire à l'intérieur, ou à l'extérieur. Assurément, la Chine n'a plus peur aujourd'hui d'afficher ses capacités militaires et de s'affirmer sur de multiples fronts, y compris celui de la finance et de la monnaie, chasse gardée jusqu'alors des Anglo-Saxons et des États-Unis.

CHAPITRE VII

Wall Street et le dollar dans le collimateur

Londres et Wall Street dominent encore le monde de la finance. Plus pour longtemps. Là aussi, les ambitions chinoises ne connaissent plus de limites. Jean-Louis Beffa, qui présida Saint-Gobain pendant un quart de siècle, est désormais administrateur de Lazard New York. L'homme a sillonné le monde et a pu apprécier les transformations et l'émergence de la Chine. Pour lui, la messe est... presque dite. Après l'industrie, après le high-tech, le centre de gravité de la finance va basculer de l'Occident vers l'Orient. Déjà, les banques suisses perdent des parts de marché au profit de Singapour. Les attaques des autorités américaines contre l'UBS et le secret bancaire suisse ; les offensives de la France, de l'Allemagne de la Grande-Bretagne et d'autres contre le paradis fiscal helvète, ont eu un résultat immédiat : les grandes fortunes ont commencé à immigrer vers des cieux plus cléments où les fiscs occidentaux n'auront aucune prise. La cité-État de Singapour, dont les liens avec la Chine sont plus qu'étroits, apparaît déjà comme le futur havre de discrétion pour les grandes fortunes apatrides. On voit mal effectivement la DGI, ou même le Internal Revenue Service américain, enquêter dans les locaux de banques installées à Singapour. Hong Kong ambitionne, elle, de prendre peu à peu la place de la City. Une sorte de revanche de l'histoire, l'ancien colonisé récupérant le *business* du colonisateur. Les banques d'affaires, les spécialistes des fusions-acquisitions sont de plus en plus tentés de transférer leurs activités à Hong Kong. Ne serait-ce que pour une raison simple : c'est là que se trouve désormais l'argent. Celui notamment des grandes entreprises occidentales, qui préfèrent investir dans cette partie du monde plutôt que dans la Vieille Europe ou aux Etats-Unis ; celui des épargnants, européens ou américains, qui cherchent des rendements attractifs à travers les fonds d'investissement spécialisés sur l'Asie et les pays émergents. Sans parler de l'argent des Chinois eux-mêmes, de ces nouveaux riches, très riches, qui adorent jouer sur les marchés.

Il est des événements symboliques. Celui du transfert du siège social d'HSBC de Londres vers Hong Kong en serait un. La rumeur, même si elle est récurrente, est démentie. D'aucuns diront que ce ne serait qu'un retour aux sources pour la Hong Kong and Shanghai Bank, qui avait prospéré, au XIXe siècle, sur le commerce de l'opium. Mais lorsqu'une jeune société, aux origines bien françaises, L'Occitane, ou une italienne, comme Prada, choisissent de s'introduire en Bourse, c'est à Hong Kong plutôt qu'à Paris, Londres ou Wall Street, qu'elles le font. Preuve de l'attractivité des places financières chinoises qui, il est vrai, ne sont pas très regardantes en matière de réglementation ou de régulation. Singapour, à en croire Jean-Louis Beffa, devrait donc peu à peu remplacer les banques suisses, Hong Kong, la City et Shanghai... Wall Street.

Le processus est en marche, et ce sont les financiers américains eux-mêmes, comme hier les multinationales, qui vont en quelque sorte remettre les clés de la maison aux Chinois. Les sociétés de *trading*, les banques, délocalisent leurs activités à Shanghai. La technologie le permet : qu'un ordre soit passé de Wall Street ou de Shanghai, cela revient au même. En outre, les salaires sont sensiblement différents. De quoi engranger de bons profits et verser de substantiels bonus. Non plus tant aux traders occidentaux, mais aux seuls dirigeants de ces grandes banques anglo-saxonnes dont l'arrogance et la suffisance n'ont pas d'égales. Ils ne peuvent pas imaginer une seconde que les Chinois prendront un jour leur place. Quant à ceux qui seraient un peu plus lucides, ils se disent : « *Je prends l'argent, après moi le déluge.* »

C'est ainsi que Pékin entre par la petite porte dans le cœur même du système financier américain. Les Chinois sont parfaitement conscients de leur retard technologique et opérationnel en la matière. La puissance des banques occidentales est le fruit d'investissements technologiques, physiques, humains sur des décennies. Assurer la circulation de l'argent, c'est-à-dire la compensation des dettes et des créances de ses clients dans les meilleures conditions de sécurité et d'efficacité, ne s'improvise pas. Générer des actifs de qualité dans le financement de l'économie réelle, et les produits financiers attachés à la gestion des risques, gérer l'avenir dans des investissements et des placements sélectionnés, nécessite un savoir-faire et des compétences humaines qui demandent des années d'expérience. Pékin est désormais pressé. Plutôt que de compter sur ses propres forces et de monter tout doucement en puissance, le choix a été fait d'acheter les compétences, quitte à les siniser par la suite. Car les ambitions monétaires que nourrit Pékin à terme passent par l'acquisition d'une véritable compétence bancaire et financière.

Début 2011, International Chinese Bank Company, première banque chinoise, a acquis 80 % d'une banque d'affaires américaine, la Bank of East Asia. Le choix n'a pas été fait au hasard. Cet établissement a une expérience des deux côtés du Pacifique. C'est un des grands acteurs du marché du crédit à Hong Kong et il a, bien sûr, une activité de banque de détail aux États-Unis. En vertu des lois américaines, la Fed ne peut pas autoriser l'achat d'une banque locale par un étranger si ce dernier n'est pas supervisé par un régulateur national, selon des normes similaires à celles en vigueur aux États-Unis. Or la Fed a approuvé cette acquisition. Ce qui signifie qu'elle estime que les autorités chinoises jouent parfaitement leur rôle de superviseur de leur système bancaire. Curieux, quand on sait que chaque jour on dénonce aux États-Unis l'opacité et l'inefficience du système financier chinois, soumis de surcroît aux contraintes du parti communiste. Reste qu'en donnant son accord, la Fed ouvre la porte à d'autres acquisitions. Celles-ci sont en cours. On a ainsi découvert que le le fonds souverain chinois China Investment Corporation (CIC) était désormais un des plus gros actionnaires de Morgan Stanley avec plus de 10 % des droits de vote. Des achats qui avaient commencé en 2007, et qui se sont poursuivis et amplifiés pendant la crise. Au total, le CIC aurait investi 5 milliards de dollars, puis 1,2 milliard supplémentaire en juin 2009, lorsque Morgan Stanley a procédé à une augmentation de capital de 2,2 milliards, pour rembourser les prêts consentis par le Trésor américain pour sauver les banques du krach. Encore plus stratégique : le CIC a acquis pour 650 millions de dollars d'actions de BlackRock, un fonds d'investissement, fort discret, qui est en réalité l'acteur majeur de la place new-yorkaise[38].

À la fin de 2010, la Chine a reçu Barack Obama. La question de la réévaluation du yuan a été pour le moins timidement évoquée. Il fut répondu au président américain que la Chine n'était en rien responsable de la crise et que le coupable, c'étaient les États-Unis. La Fed n'avait qu'à relever ses taux d'intérêt et cesser d'imprimer des dollars. Quant à la Maison-Blanche, elle devait faire preuve de plus de responsabilités et réduire drastiquement ses déficits budgétaires. Ainsi, le dollar se redresserait. Une quinzaine de jours plus tard, le Premier ministre chinois recevait un trio de dirigeants européens, Jean-Claude Trichet, Joaquín Almunia et Jean-Claude Juncker. Tous trois ont timidement plaidé pour une réévaluation du yuan. Wen Jiabao a refusé d'en débattre, avant de publier un communiqué au ton très agressif. Pour un peu, les Européens étaient accusés de vouloir restreindre le développement de l'économie chinoise.

En réalité, Pékin poursuit, en matière monétaire, une stratégie de petits pas. Avec un très grand objectif à terme : faire en sorte que le yuan prenne la place du dollar. Pas question donc de donner l'impression de céder de quelque manière que ce soit aux pressions occidentales. Pas question non plus

38. Nul doute que si l'on avait le détail de toutes les participations du CIC et des autres bras financiers de Pékin, on aurait des surprises. Dans le domaine du *private equity*, le CIC détient des participations dans Blackstone (3 milliards de dollars investis) et 2,3 % de Apax Private pour 1 milliard de dollars.

de réévaluer fortement le yuan, au risque de nuire à la compétitivité de la maison Chine. Tout au plus, Pékin, qui gère son taux de change au jour le jour, va-t-il reprendre sa politique de microréévaluations interrompue en 2008. Ainsi, de juin 2010 à juin 2011, le yuan s'est-il apprécié de 4,8 % par rapport au dollar. Comme la devise américaine s'est dépréciée, dans le même temps, par rapport à l'euro, et que les écarts sont encore plus forts avec certaines devises de pays émergents comme le Brésil, la Chine s'y retrouve largement. Le peu de compétitivité qu'elle perd vis-à-vis des États-Unis est plus que compensé par la baisse relative du yuan par rapport aux autres devises. Vis-à-vis de l'euro, le yuan a perdu 10 % en un an.

Dans le même temps, Pékin pousse peu à peu sa devise sur le chemin de l'internationalisation. Cela a commencé très discrètement, en 2008, à travers des accords de swaps (contrats d'échanges financiers) avec quelques pays, notamment avec l'Argentine. La Chine vendait des marchandises en yuan et l'Argentine des matières premières en peso. Puis les autorités ont autorisé des entreprises chinoises à émettre des emprunts en yuan sur le territoire de Hong Kong. Après les entreprises, c'est le Trésor chinois qui s'est mis à émettre pour quelques milliards de dollars dans sa monnaie. En matière commerciale, les entreprises étrangères basées en Chine sont désormais autorisées à utiliser le yuan pour le règlement de leurs transactions internationales. HSBC estime que d'ici à cinq ans 30 % du commerce extérieur de la Chine pourraient être réglés en monnaie chinoise.

Les BRICS (Brésil, Russie, Inde, Chine et Afrique du Sud), qui représentent 40 % de la population mondiale, pourraient devenir le terrain de jeu privilégié des Chinois pour faire du yuan une monnaie alternative au dollar. Au cours des dix dernières années, le commerce entre les BRICS a augmenté de 30 % par an. Il atteint 170 milliards de dollars. Au cours de cette même décennie, le commerce mondial a doublé. Celui entre les BRICS a été multiplié par neuf. Aujourd'hui, les cinq pays détiennent 40 % de la totalité des réserves monétaires mondiales, dont l'essentiel est en dollars. Or ces réserves pourraient se voir écornées, dans le cas d'une nouvelle crise financière ou d'un défaut de paiement des États-Unis. En outre, la politique de la Fed, qui consiste à battre monnaie, risque de favoriser l'inflation dans les pays émergents. Les BRICS auraient donc tout intérêt à se passer progressivement du dollar dans leurs échanges internes, au profit de leurs propres devises. Cela aurait pour avantage de diminuer les coûts de transaction et aussi d'accroître l'influence des BRICS dans les institutions internationales. Enfin, *last but not least*, l'utilisation de ces devises locales dans le commerce intra-BRICS pourrait préfigurer la formation d'une union monétaire. Qui dit union monétaire dit monnaie commune. Celle-ci, compte tenu du poids que la Chine aura acquis dans cinq ou dix ans, ne pourrait être que le yuan. Ce scénario ne relève pas de la science-fiction. Il n'émane pas encore de personnalités autorisées, mais il est évoqué par des milieux que l'on dit bien informés[39]. C'est ce que Pékin propose aux BRICS : jouer un rôle beaucoup plus important dans un monde jusqu'alors dominé par l'Occident et changer « *les règles du jeu jusqu'à présent biaisées* ».

---

39. Lire à ce sujet le supplément publi-rédactionnel, préparé par *China Daily*, et diffusé par le *New York Times* du 28 avril 2011.

«*Certains ne voient dans le réveil de la Chine que les aspects politiques, économiques et militaires. Mais la renaissance chinoise est, dans son essence même, un challenge intellectuel et moral pour le monde moderne.*» Le centenaire, au printemps 2011, de l'université Tsinghua, sans doute l'une des plus prestigieuses institutions chinoises, qui a vu passer des cohortes d'intellectuels et de dirigeants (notamment Hu Jintao), a été l'occasion pour les élites chinoises de s'interroger sur la pertinence du modèle occidental. L'un des intervenants, Éric Li, a replacé l'évolution de la Chine dans un contexte historique. Depuis trois cents ans, le siècle des Lumières, né en Europe, était la seule référence intellectuelle et morale. La vague d'occidentalisation qui s'est appuyée sur les transformations technologiques et le développement économique a également entraîné la confusion, le défaitisme et parfois jusqu'à des catastrophes pour les autres nations. Le siècle des Lumières s'incarne dans le modernisme, centré sur l'individualisme, les droits de l'homme et la science. C'est une expérience culturelle purement occidentale. Et l'auteur d'expliquer que les Occidentaux ont lié modernisme et modernisation. «*Pendant des années, et dans la plupart des pays, l'hégémonie idéologique du modernisme n'était pas contestée et les bienfaits de la modernisation (l'accumulation de biens matériels) qui en découlaient allaient de soi...*» Alors «*vint la Chine et son extraordinaire modernisation, qui certes doit beaucoup à l'influence occidentale. Mais son développement a pu se faire sans l'application des règles de base du modernisme. Le collectif prime toujours sur l'individu. Le pouvoir politique reste centralisé. Les opposants, qui vont à l'encontre des objectifs collectifs de l'État et de la société, sont réprimés*». Est-ce à dire que le modèle chinois est un produit exportable, que son succès signe la fin de la domination idéologique occidentale ? À Pékin, les élites ne se prononcent pas. Pas ouvertement. Elles se contentent de dire que l'avenir n'est pas écrit. Mais que l'exemple de la Chine prouve que le modernisme – ce que nous appelons démocratie – n'est pas la voie unique vers la modernisation, autrement dit le développement économique.

Tant que le parti communiste fabriquera des classes moyennes et permettra leur enrichissement, son pouvoir ne sera pas contesté. Les tensions sociales existent. Les problèmes sont multiples, mais le système tient parce que la classe moyenne est prête à patienter pour la démocratie et qu'elle privilégie la prospérité. Et elle a par-dessus tout une hantise : le chaos. C'est bien parce que l'enrichissement des classes moyennes chinoises et des pays émergents se fait largement au détriment des classes moyennes occidentales que le modernisme et la démocratie sont en péril chez nous. Si notre système n'est plus capable d'assurer la modernisation et le développement économique, la paupérisation relative des classes moyennes occidentales risque de déboucher sur le chaos.

DEUXIÈME PARTIE

La déception Obama

CHAPITRE VIII

L'endettement, arme fatale

1er mai 2011 : dans la Situation Room, la salle des crises de la Maison-Blanche, Barack Obama, entouré de son état-major, assiste en direct à l'exécution d'Oussama Ben Laden, l'ennemi public numéro un des États-Unis. Deux douzaines de *navy seals*, débarqués de deux hélicoptères, ont investi la planque du leader d'al-Qaida. Non pas dans les montagnes afghanes ou pakistanaises, mais en pleine ville. Oussama Ben Laden était réfugié depuis plusieurs années à Abbottabad, à deux heures de route d'Islamabad. «*Justice est faite !*» Près de dix ans après les attaques contre le World Trade Center et le Pentagone, qui ont fait trois mille morts, l'Amérique exulte. La cote de Barack Obama remonte en flèche. Le président indécis, hésitant, s'est mué en chef de guerre.

Le succès des services secrets et des forces spéciales américaines ressemble fort, cependant, à une victoire à la Pyrrhus. L'Amérique est encore capable de mener de telles actions ponctuelles, chirurgicales. Elle est incapable de gagner une vraie guerre, à l'image de son enlisement et de celui de l'OTAN en Afghanistan. Certes, ce n'est pas la première fois que les États-Unis s'empêtrent dans un conflit loin de chez eux. Mais, en se focalisant contre Oussama Ben Laden, en faisant de l'islamisme leur principal ennemi, George W. Bush, les républicains et une partie des élites démocrates se sont trompés de priorité. Pendant qu'ils attaquaient l'Afghanistan, puis l'Irak, pendant qu'ils traquaient Saddam Hussein, puis Oussama Ben Laden, ils ont laissé leur économie s'étioler, leurs emplois industriels disparaître, leurs dettes s'envoler.

Oussama Ben Laden aura finalement coûté plusieurs trillions de dollars à l'Amérique. La facture de la guerre en Afghanistan, à elle seule, s'élève à 1 000 milliards de dollars. Quant à celle de l'aventure irakienne, elle est évaluée entre 1 000 et 2 000 milliards de dollars. Ces trillions de dollars n'ont pas été perdus pour tout le monde. Une partie de cet argent a été capté par le complexe militaro-industriel, dont les liens avec les républicains sont historiques. Quelques entreprises privées, au conseil d'administration desquelles siègent des responsables républicains, d'anciens de la CIA ou de l'état-major, ont largement profité de la manne budgétaire du ministère de la Défense. Car l'armée américaine s'est mise à l'heure du néolibéralisme : elle sous-traite. Pour faire des économies, prétend-elle. En réalité, parce que l'utilisation et la mort de mercenaires font moins de vagues dans l'opinion, et permettent aux sociétés privées contractantes et à leurs actionnaires de gagner beaucoup, beaucoup d'argent. Là où le bât blesse, c'est qu'en ce début de millénaire, les États-Unis sont déjà un colosse aux pieds d'argile. Mais cela, à Washington, on ne veut surtout pas le savoir. Pas question de financer la guerre contre le terrorisme, la traque d'al-Qaida, en levant des impôts comme on a eu coutume de le faire jusqu'ici. Pas question de remettre en cause l'un des piliers idéologiques de l'Amérique : la diminution de la pression fiscale. L'administration Bush veut même aller encore plus loin sur la voie du désengagement de l'État dans l'économie. Qu'est-ce qui symbolise le plus cet État honni, vilipendé, attentatoire aux libertés individuelles, que l'impôt ? Au moment même où les États-Unis s'engagent dans des dépenses considérables pour faire la guerre, George W. Bush multiplie les réductions d'impôts. Sur les plus-values en capital, les dividendes, les hauts salaires... Quant aux grandes entreprises, celles du Standard & Poor's 500, leur taux d'imposition est inversement proportionnel à leurs profits. Plus elles délocalisent leur production, plus elles externalisent leurs bénéfices, et moins elles paient d'impôts aux États-Unis. On va donc financer les guerres et les baisses d'impôts des plus riches par du déficit budgétaire et de la dette publique. Une dette qui ne sera plus seulement souscrite par les ménages américains, mais par les nouveaux riches d'Asie du Sud-Est... qui engrangent des recettes à l'exportation au fur et à mesure que les États-Unis accumulent des déficits commerciaux

En 2005, les économistes américains se perdent en conjectures. Comment se fait-il que le taux d'épargne des ménages soit devenu négatif, alors que l'inflation reste très faible et que l'on a baissé les impôts précisément pour faire remonter le taux d'épargne ? Curieusement, personne ou presque ne se pose alors la bonne question. Si le taux d'épargne baisse, si l'encours des crédits des ménages augmente, n'est-ce pas, tout simplement, parce qu'il y a un problème de pouvoir d'achat et que la paupérisation d'une partie de l'Amérique est en marche ? Quelques années plus tard, Paul Krugman, Prix Nobel d'économie et libéral convaincu, au sens américain du terme, va dresser un réquisitoire sur cette décennie perdue de l'Amérique qu'il qualifie de «*big zero*». «*Une décennie pendant laquelle rien de bon n'est arrivé. Aucune des idées optimistes auxquelles on voulait nous faire croire ne sont devenues réalités. C'est une décennie où l'on n'a rien créé, rien appris. Où il n'y a eu aucune création d'emplois.*»

De 2001 à 2007, les États-Unis avaient déjà perdu 2,3 millions d'emplois. Avec la crise, ce sont plus de huit millions d'emplois supplémentaires qui s'évaporent. En 2007, le revenu moyen des ménages américains, ajusté de l'inflation, était inférieur à ce qu'il était en 1999. Avec la crise, il a encore baissé. Le prix des maisons est redescendu à ce qu'il était il y a dix ans. Ce qui signifie que tous ceux qui avaient acheté au plus fort de la bulle essuient une lourde perte en capital. Sans parler de tous ces ménages qui, incapables de rembourser leurs prêts, ont été expulsés. Un quart des *mortgages* américains – et même 45 % en Floride – sont négatifs, c'est-à-dire que les propriétaires ont des emprunts supérieurs à la valeur de leur maison. Jusqu'à la Bourse, dont le Dow Jones est revenu, peu ou prou, au printemps 2011, au même niveau qu'au printemps 2000. Ce qui implique, pour tous les retraités, à travers leurs fonds de pension, une décennie de stagnation, et même de régression, du pouvoir d'achat.

Paul Krugman, comme Joseph Stiglitz, autre Prix Nobel, sont des marginaux dans le paysage des experts économiques d'outre-Atlantique. Ils posent les questions qui dérangent. Mais la société américaine a des œillères. À Washington comme à New York, à Dallas comme à Chicago, à Detroit comme à San Francisco, on vit sur un mythe. Celui qui voudrait que ce qui est bon pour General Motors soit bon pour l'Amérique. Avec la mondialisation, les délocalisations massives en Chine, et l'alliance de fait entre les multinationales et le parti communiste chinois, les intérêts du *big business* et ceux du peuple divergent. Car il est un autre tabou aux États-Unis, comme ailleurs : celui du déficit extérieur. Dans un pays qui vit au rythme de la publication quasi quotidienne d'innombrables statistiques, il n'y a jamais eu de véritable débat, en dehors de quelques cénacles, sur le lien de cause à effet entre les déficits commerciaux, budgétaires et la dette publique. C'est pourtant le cœur du problème. L'Amérique ne crée plus suffisamment de richesses. Ou, plutôt, un petit noyau accapare la valeur ajoutée au détriment du plus grand nombre. Et ce ne sont pas les fondations humanitaires de quelques milliardaires et le « charity business » qui changent cette donne.

En 2011, un nouveau débat agite les économistes. Comment se fait-il que les profits des grandes entreprises s'envolent, effaçant la crise, alors que le taux de chômage reste très élevé ? De fait, le PIB américain a retrouvé, fin 2010, le niveau qui était le sien avant la faillite de Lehman Brothers. Les profits des entreprises américaines, à la fin 2010, ont augmenté de 12 % par rapport à la fin 2007. Une bonne performance comparée au Canada, au Japon, à l'Europe, où les sociétés n'ont pas retrouvé les mêmes niveaux de profits qu'avant la crise. Comment expliquer que ce retour des bénéfices ne se traduise pas sur le marché de l'emploi ? Certes, le taux de chômage a légèrement baissé. D'un peu plus de 10 % au plus fort de la crise, il est tombé à un peu plus de 9 %. Un pourcentage qui sous-estime l'ampleur du chômage. Celui-ci touche 13,5 millions de personnes, dont six millions sont au chômage depuis au moins six mois, et quatre millions depuis plus d'un an. À cela, il faut ajouter plusieurs millions de salariés contraints de prendre des jobs à mi-temps ou des petits boulots. Enfin, la légère baisse du chômage masque un changement structurel. Elle est due aux seniors. À la fin 2010, le nombre d'emplois occupés par les plus de cinquante-cinq ans avait augmenté de 7,6 % par rapport à la fin 2007. Un emploi sur cinq est tenu par une personne de plus de cinquante-cinq ans, contre un pour sept il y a trente ans. Les jeunes peinent à trouver un job et le taux d'emploi des hommes de vingt-cinq à cinquante-cinq ans atteint des niveaux historiquement bas.

L'Amérique a l'habitude des récessions. Elle les étudie, les dissèque. La puissance de son économie résidait dans sa souplesse, sa capacité d'adaptation. Dans les années 1970 et 1980, l'industrie des composants électroniques, déjà mondialisée, vivait, plus que d'autres, des cycles brutaux. Envolée de la demande, hausse des prix, investissements de production, surcapacité de l'offre, baisse des prix, sous-investissements... et le cycle repartait à la hausse. La force des groupes américains résidait dans leurs capacités à licencier très vite, lorsque les commandes commençaient à baisser, pour réembaucher tout aussi rapidement lorsque le cycle s'inversait. On détruisait des emplois, que l'on recréait aussi vite.

Lors de la récession de 1990-1991, il fallut vingt-trois mois pour récupérer les emplois perdus. Après celle qui suivit le 11 septembre 2001, cela prit trente-huit mois. Au printemps 2011, les experts les plus optimistes tablaient sur soixante-douze à quatre-vingt-dix mois pour retrouver le seul niveau d'avant la crise. Ces calculs ne prennent pas en compte les cinq millions d'emplois supplémentaires qu'il faudra trouver pour le seul accroissement de la population. Une étude réalisée, début 2011[40], pour l'Association des maires américains est terrifiante. Elle porte sur 363 communautés urbaines représentant 86 % de l'emploi total aux États-Unis. Elles ont globalement perdu 7,3 millions d'emplois depuis le début de 2008. Ils ne seront récupérés, au mieux, qu'au milieu de 2014. Et encore ! Certaines régions mettront beaucoup plus de temps à retrouver le niveau d'emploi qui était le leur avant la grande dépression. Ainsi, la ville de Los Angeles, qui a perdu plus d'un demi-million d'emplois, ne les retrouvera pas avant 2018. Il y a pire encore. Une cinquantaine de métropoles mettront au minimum une décennie à récupérer les emplois perdus. C'est le cas de Cleveland, Dayton, Detroit, Reno, Atlantic City, etc. Tout se conjugue. Les fermetures d'usines et les délocalisations continuent. Le marché immobilier ne redémarre pas. Jusqu'à la finance qui, fort peu reconnaissante à l'égard du pays et de ceux qui lui ont évité la faillite, s'apprête maintenant à tailler dans ses effectifs. Cinq des plus grandes banques de Wall Street annoncent des plans de licenciement.

Les économistes anglo-saxons s'arrachent donc les cheveux, pour ceux qui en ont encore… Comment expliquer cette reprise sans emplois ? D'autant que, depuis les années Reagan, il est difficile de prétendre que les entreprises américaines croulent sous

---

40. Étude d'IHS Insight citée par le *Herald Tribune* du 21 juin 2011.

les contraintes sociales, comme leurs homologues européennes, notamment françaises. Les syndicats sont très affaiblis et la justice est plutôt favorable aux chefs d'entreprise. À vrai dire, ces économistes ne sont pas très perspicaces ou, plutôt, ils se refusent à voir une réalité en face qui ne cadre pas avec leur présupposé idéologique. S'il y a une déconnexion de plus en plus grande entre les bénéfices des entreprises, le PIB et les emplois, c'est tout simplement parce que les grandes entreprises ayant délocalisé leurs emplois en Chine et dans les pays émergents réalisent leurs profits ailleurs qu'aux États-Unis. Ce qui se traduit par des déficits commerciaux et des moins-values fiscales, qu'il faut bien financer d'une façon ou d'une autre : essentiellement par de la dette publique et privée. Un phénomène encore aggravé par la délocalisation des investissements des entreprises américaines et occidentales, qui délaissent leurs terres d'origine. L'Amérique n'externalise plus seulement ses emplois, mais aussi son capital. La machine à créer des emplois, moteur de la croissance américaine pendant plus d'un siècle, est enrayée. Il ne s'agit pas seulement des emplois de cols bleus, ou même de cols blancs, dans des industries traditionnelles, le textile ou les biens de consommation électroniques, mais bel et bien des emplois à forte valeur ajoutée. Ceux-là aussi s'envolent vers d'autres cieux *(voir première partie)*. Nul mieux qu'Andy Grove, qui présida pendant un quart de siècle aux destinées d'Intel, n'a dépeint ce phénomène. Dans un article remarqué, publié dans *Business Week*[41], il

41. *Business Week*, 5 juillet 2010.

répond à ceux qui voudraient qu'on laisse tomber les entreprises manufacturières pour se concentrer sur les seules *start-up*. Ce pionnier de la Silicon Valley explique que les *start-up* ne sauraient générer, à elles seules, suffisamment d'emplois à valeur ajoutée. « *Ce qui suit le moment mythique de l'innovation dans un garage, le passage du prototype à la production de masse, est au moins aussi important. C'est la phase de la mise en production (scaling), où il faut définir les détails, rendre les produits accessibles, construire les usines et embaucher des milliers de personnes. Le "scaling" est un travail difficile, mais absolument nécessaire pour rendre l'innovation mature.* » Or, constate Andy Grove, ce *scaling* ne se fait plus aux États-Unis. « *Injecter du capital dans de jeunes entreprises, qui implanteront ensuite leurs usines n'importe où ailleurs qu'aux États-Unis, continuera de produire un très mauvais retour sur investissement en termes d'emplois pour les Américains.* »

Aujourd'hui, la fabrication (*manufacturing*) dans l'industrie informatique américaine ne représente plus que cent soixante-six mille emplois ; c'est moins qu'en 1975. Contre 1,5 million en Asie. Foxconn, société taïwanaise à l'origine, qui a multiplié ses centres de production en Chine continentale, est devenue le fournisseur quasi exclusif des grandes firmes américaines d'informatique. Apple n'a plus que vingt-cinq mille salariés aux États-Unis, mais quelque deux cent cinquante mille employés de Foxconn travaillent exclusivement pour la firme de Steve Jobs. Pour un Américain, on compte dix Chinois pour la production des iPad, iPhone, iMac et autres. Ce rapport de un à dix se retrouve chez Dell, Seagate Technology et la plupart des grandes compagnies occidentales du secteur (Hewlett-Packard, Nokia, Microsoft pour ses consoles...). Le même phénomène touche les secteurs d'avenir, les « industries vertes ».

Les panneaux solaires vendus en Californie sont *made in China*. Or c'est une société de la Silicon Valley qui produit les robots qui fabriquent les films utilisés dans les cellules photovoltaïques. Elle vend dix fois plus de machines en Chine qu'aux États-Unis. Résultat : la filière photovoltaïque emploie au maximum dix mille personnes aux États-Unis, soit quelques pour cent seulement de la totalité des emplois créés à travers le monde dans ce secteur. « *Quelle sorte de société, s'interroge Andy Grove, sommes-nous en train de construire, si elle ne comporte plus que des emplois à très forte valeur ajoutée, très bien payés, avec en face une masse de chômeurs ?* »

Cette désindustrialisation a été en fait voulue, théorisée même. Ainsi, d'éminents universitaires se félicitaient que « *la totalité des postes de télévision vendus aux États-Unis soient désormais fabriqués ailleurs. Là où les salaires sont nettement moins élevés. Tant que l'innovation, la connaissance restent sur le territoire américain, la localisation des usines importe peu* ». Andy Grove s'inscrit en faux contre une telle vision. « *Non seulement parce que cela a entraîné la suppression de très nombreux emplois, mais aussi parce que cette stratégie a brisé la chaîne d'expérience, si importante pour l'évolution technologique.* »

Obnubilée par le taux de profit, soumise à la pression des actionnaires et des fonds d'investissement, la Silicon Valley s'est peu à peu convertie au dogme du retour maximal sur investissement. Il y a quarante ans, on pouvait construire une usine de composants avec quelques millions de dollars. Il y a vingt ans, on avait ajouté trois zéros. Ainsi, l'unité de fabrication des nouvelles puces d'Intel (Pentium) avait été planifiée plusieurs années avant que la firme ne sache si la puce fonctionnait bien et pourrait trouver son marché. C'était un pari à plusieurs milliards de dollars. Pari gagné qui lui avait permis de conserver son leadership technologique. Aujourd'hui, Intel est une des très rares sociétés prêtes à mettre les milliards de dollars nécessaires pour se lancer dans la fabrication des nouveaux composants en trois dimensions. Les autres - toutes les autres - ne veulent plus mobiliser autant de capital pour un résultat qui n'est pas garanti. Les investisseurs sont de nouveau prêts à surpayer des entreprises du Net, sans chiffre d'affaires ou presque, et sans bénéfices[42]. Mais ils se refusent à prendre quelque risque que ce soit pour la mise en production d'innovations industrielles qui n'ont pas encore - et pour cause - trouvé leur marché. C'est tout le paradoxe de la société américaine où la finance prend chaque jour des risques démesurés sur les marchés, sur les valeurs Internet, mais où les vrais entrepreneurs rencontrent les pires difficultés à financer leurs développements, dès lors qu'ils veulent appliquer cette idée folle : produire des biens matériels chez eux.

Cette aversion au risque, cette volonté de délocaliser, d'externaliser toute fabrication, ont une autre conséquence : elles ont retardé le basculement de nos sociétés industrielles dans un nouveau

42. Linkedin, réseau social professionnel, a été introduit en Bourse en mai 2011. Sa valorisation par le marché est de 4,25 milliards de dollars pour un chiffre d'affaires de 243 millions de dollars et zéro bénéfice.

système technique contemporain (STC). Pour Michel Volle, ingénieur, économiste et spécialiste des nouvelles technologies[43], le changement dû à l'informatisation est aussi fondamental que celui vécu, à la fin du XVIIIe siècle, lorsque la machine mue par une source énergétique remplaça peu à peu la seule force humaine. La machine prend à sa charge l'effort physique de la production, et devient en quelque sorte le prolongement du muscle de l'homme. Ce dernier est associé à la machine, le système économique cherchant à obtenir de ce couple la productivité maximale. Avec l'informatisation, on change de nature. Ce qui compte, c'est la synergie entre la microélectronique, les logiciels, les réseaux. L'ordinateur est, en quelque sorte, le prolongement du cerveau humain. Les deux coopérant pour obtenir, là aussi, la meilleure productivité. L'ensemble des ordinateurs reliés en réseau forme un gigantesque automate. Il y a deux siècles, l'industrialisation n'avait pas supprimé l'agriculture, mais avait permis à cette dernière, au fil des décennies, d'importants gains de productivité. Trois pour cent de la population active suffisent aujourd'hui pour nourrir les pays avancés, alors qu'il en fallait 66 % à la veille de 1789. L'informatisation ne supprime pas la production mécanique des biens, mais elle permet à l'industrie de gagner en productivité, comme le fit naguère l'agriculture. Ces mutations sont forcément longues et douloureuses. Or le libre-échangisme effréné de cette seconde globalisation a eu des effets pervers. Plutôt que de basculer progressivement vers une informatisation, une robotisation

43. Lire, à ce sujet, *De l'informatique : savoir vivre avec l'automate*, Economica, 2006.

des unités de production existantes, les entreprises occidentales ont préféré sous-traiter les fabrications là où les coûts de la main-d'œuvre étaient les plus bas. Pour Michel Volle[44] : « *La délocalisation des équipements et du travail vers des pays pauvres, où les salaires sont bas et la population dure au travail procure à des techniques obsolètes un regain de rentabilité et un surcroît de durée de vie qui, retardant leur éviction complète, freine d'autant l'informatisation. Elle amorce, dans ces pays, un rattrapage économique qui suscite une croissance très rapide de leur PIB. Cette dynamique les incite à mettre en exploitation des ressources cérébrales naguère sous-utilisées pour se tailler une position dans le STC : ils créent à cette fin des universités au recrutement sélectif et des centres de recherche, ils forment des spécialistes de l'informatique, des nanotechnologies et biotechnologies et, tout en équipant à marche forcée leurs institutions et leur territoire en accès à haut débit en applications, ils se positionnent sur les techniques les plus récentes : cloud computing, Green IT, Internet des objets, ebook, ordinateur mobile, téléservices (télétravail, télémédecine, télé-enseignement, etc.). Ainsi s'amorce une évolution que l'on peut schématiser ainsi : les pays riches, héritiers de l'industrie et concepteurs de l'informatique, peineraient à tirer parti de celle-ci en raison du poids de leurs habitudes et de leurs institutions. Les pays pauvres, qui s'étaient peu ou pas industrialisés et qui désirent prendre une revanche historique, dépasseraient en puissance les anciens pays riches et les supplanteraient.* »

44. Article in *La France et ses multinationales*, Xerfi, 2011.

La Chine tient sa revanche de la guerre de l'opium. Cette fois, c'est l'Occident qui se trouve dans la position du drogué. Drogué aux produits chinois qu'il se révèle de plus en plus incapable de produire à des coûts compétitifs. Drogué aux dollars, accumulés par les banques centrales du Sud-Est asiatique. À commencer par la Banque de Chine. Si les Chinois avaient réinvesti chez eux l'essentiel de leurs excédents commerciaux, ils se seraient certainement exposés à des mesures de rétorsion de la part des autorités américaines. Celles-ci auraient été contraintes de prendre des mesures draconiennes pour éviter l'explosion de leurs déficits. Soit elles trouvaient sur les marchés financiers mondiaux de nouveaux prêteurs – mais aucun autre pays que la Chine n'avait les réserves suffisantes pour acheter chaque année les centaines de milliards de dollars supplémentaires émis annuellement pour combler les déficits. Soit Washington, pour les réduire, devait laisser filer sa monnaie, et surtout obliger les Chinois à réévaluer. Si ces derniers refusaient, il n'y avait alors pas d'autre solution que de réimposer des droits de douane sur les produits chinois. Une hypothèse contre laquelle les multinationales américaines étaient bien évidemment vent debout. Elle aurait abouti à faire le contraire de ce que souhaitaient les « globalistes ». Une autre solution, déjà esquissée avec le Japon, va donc être mise en œuvre avec l'accord tacite de Pékin et de Washington. Les Chinois vont recycler une part très importante de leurs excédents en achetant de la dette américaine. C'est ainsi que les États-Unis sont devenus doublement dépendants de la Chine communiste. Là encore, les courbes, les statistiques parlent d'elles-mêmes. Là encore, tout dérape à partir de 2001-2002, avec l'entrée de la Chine dans l'OMC, et les guerres de George W. Bush.

À la fin décembre 2000, la dette totale des États-Unis (dette des ménages, des entreprises non financières, du secteur financier, et dettes publiques) atteignait 30000 milliards de dollars, soit 280% du PIB. La dette publique, elle, représentait 5674 milliards de dollars (58% du PIB). En 2005, la dette totale bondit à 44000 milliards de dollars et, à la fin décembre 2010, elle atteint plus de 55000 milliards de dollars (soit près de 400% du PIB). Une augmentation due pour une large part à celle de la dette publique, qui, en dix ans, a plus que doublé, à 14300 milliards de dollars[45], à la fin juin 2011. Comment ont été financés ces 8700 milliards de dettes publiques supplémentaires ? Par l'étranger, la Fed, c'est-à-dire la planche à billets, et les fonds sociaux américains. Pour bien comprendre les enjeux stratégiques de la dette américaine, il faut en analyser la composition. La dette fédérale s'appuie désormais sur trois grands piliers d'importance à peu près égale (autour de 4500 milliards de dollars chacun).

Premier pilier : la dette intragouvernementale. Il s'agit de bons du Trésor, non négociables sur le marché, souscrits par les fonds sociaux. Le plus important est l'équivalent de notre caisse d'assurance vieillesse (Federal Old Age and Survivors Insurance). Entrent également dans cette catégorie les fonds d'assurance des hôpitaux publics, les fonds de retraite des employés fédéraux, et ceux pour couvrir leurs longues

45. Il faudrait même ajouter à ce montant les 7593 milliards de dollars de dettes des entreprises paraétatiques, notamment celles de Fannie Mae et Freddy Mac pour 6000 milliards.

maladies. Ces fonds sociaux sont tenus de placer leurs excédents en bons du Trésor, et leur dette est sous la tutelle du Congrès et du Trésor. L'idée même que le système fédéral de protection sociale puisse dégager des excédents étonnera plus d'un Français, habitués aux déficits structurels de la Cnav, de l'assurance chômage, etc. Aux États-Unis, le système est différent. Les fonctionnaires n'ont aucun intérêt à prendre leur retraite très tôt. Son montant serait misérable. Ils sont donc poussés à travailler le plus longtemps possible et incités à souscrire des assurances complémentaires privées. Résultat : les cotisations de base sont supérieures au montant des allocations versées. Ce que les experts appellent le taux de remplacement des retraites publiques est faible, et permet au Federal Old Age de dégager, année après année, des excédents, dont le cumul atteignait, fin 2010, 2 400 milliards de dollars. Le fonds des employés fédéraux, lui, représentait 785 milliards. Au total, ces fonds sociaux détiennent 3 700 milliards en bons du Trésor non négociables, dont les maturités (les échéances) sont plus longues que les autres bons détenus par les investisseurs américains privés et les étrangers (en moyenne de sept à huit ans). Dix ans auparavant, ces fonds détenaient 2 782 milliards, soit près de la moitié de la dette publique américaine.

Deuxième pilier : les détenteurs américains privés. On y trouve les ménages (1 083 milliards), les fonds de pension et les sociétés d'assurances (1 029 milliards). Le secteur bancaire et les *mutual funds* (fonds communs de placement) détiennent finalement peu de dette américaine : autour de 800 milliards de dollars. Pour le reste (plus de 1 600 milliards de dollars), c'est la Fed qui a mis la main à la poche. À travers ses opérations de *quantitative easing*, elle est en train de devenir un des principaux acheteurs de bons du Trésor. Au printemps 2011, on estimait, à Washington, que la Réserve fédérale achetait entre 70 % et 90 % des bons émis chaque mois. À ce rythme, la Fed va être contrainte de lancer un nouveau plan de *quantitative easing*. Il n'est pas impossible qu'à l'automne 2011 elle détienne plus de 2 000 milliards de bons, contribuant ainsi à accroître l'inflation à travers le monde.

Troisième pilier : les détenteurs étrangers. Si l'on s'en tient aux chiffres bruts sur la dernière décennie, la dette américaine dans des mains étrangères est passée de 1 034 à 4 800 milliards de dollars, entre 2000 et 2010. La Chine est devenue le premier détenteur de bons du Trésor, avec 1 130 milliards[46], à comparer aux 350 milliards qu'elle détenait il y a dix ans. À cela s'ajoutent les fonds détenus par Hong Kong et Taïwan (270 milliards). Quant au Japon, il demeure le deuxième souscripteur, avec 877 milliards. Le Royaume-Uni est le troisième détenteur, avec 511 milliards. Suivent les pays de l'Opep (210 milliards), le Canada (134 milliards), le Brésil (184 milliards), les Caraïbes, ou plutôt les îles Caïman (146 milliards). Encore que là, il s'agisse pour l'essentiel de fonds d'origine américaine. On constatera que l'Europe continentale ne détient pratiquement pas de dette américaine : quelques dizaines de milliards de dollars pour l'Allemagne ou pour la France. C'est un élément à prendre en compte dans les relations entre une Amérique de plus en plus attirée par la zone

46. La Chine détient donc aujourd'hui en bons du Trésor américains l'équivalent de ce que tous les créanciers du monde détenaient en 2001.

Pacifique, qui devient son principal créancier, et une Europe qui se désengage de ses avoirs en dollars.

Encore plus intéressant est le comportement des divers pays au cours de l'année 2010. Tout se passe comme si la Chine avait décidé de lancer un avertissement aux Américains et à Barack Obama, en suspendant ses achats de bons. Sur l'année 2010, la Chine et Hong Kong auraient été vendeurs nets de *US bonds*. Certes, le montant est faible – quelques dizaines de milliards de dollars –, mais il a résonné comme un avertissement à Washington. Il a donc fallu chercher ailleurs de quoi combler les déficits budgétaires de l'exercice fiscal 2009-2010, soit 1 300 milliards de dollars. Une partie a été trouvée aux États-Unis, en fait auprès de la Fed, et le reste auprès du Japon (130 milliards), du Canada (90 milliards), mais aussi et surtout de la Grande-Bretagne. Ainsi, en 2010, Londres a acquis pour près de 400 milliards de dollars de bons américains portant un taux d'intérêt ridicule, alors que le pays est dans les difficultés que l'on sait et que son voisin irlandais est en quasi-faillite. Une preuve de plus que les liens de Washington sont plus forts avec Londres qu'avec l'Europe. Certains estiment cependant qu'une partie de ces achats labellisés britanniques sont, en réalité, des achats chinois transitant par Hong Kong. Une manière de se masquer, afin de pouvoir agir plus librement sur le marché de la dette américaine, sans que les mouvements soient connotés politiquement. Les avoirs de la Chine en titres américains sont en réalité beaucoup plus importants qu'on ne le pense généralement. Les données officielles publiées par la Chine, la Fed et le Trésor sont parcellaires et difficilement comparables. Une certaine opacité, voulue, règne en la matière. Au printemps 2011, Ben Bernanke, auditionné par le Congrès, a fait sursauter les parlementaires lorsqu'il a évoqué le chiffre de 2000 milliards d'avoirs chinois. La Fed a, semble-t-il, refait ses calculs. Aux 1 150 milliards de bons que la Chine reconnaissait détenir directement à la fin 2010, il fallait ajouter, selon elle, 250 milliards achetés à travers Hong Kong, Londres et les îles Caïman, 300 milliards supplémentaires investis dans Fannie Mae et Freddie Mac, et 125 milliards sous forme d'achats d'actions et d'obligations à Wall Street. Plus quelques autres broutilles. Pour d'autres observateurs financiers, les actifs américains détenus par les diverses entités de l'État chinois (banque centrale, CIC, banques nationalisées) seraient, en fait, plus proches de 3000 milliards de dollars.

Au début de 2011, il semble que la Chine, après la visite de Hu Jintao à Washington et à Chicago, ait repris ses achats en direct de bons du Trésor américain. En contrepartie d'une mise en sourdine des attaques américaines contre la sous-évaluation du yuan et des velléités protectionnistes de certains élus. Les Chinois, relayés par un lobby chaque jour plus puissant, se proposent maintenant d'apporter directement leurs contributions sur le sol américain. Non plus seulement en finançant la dette publique, mais en aidant les régions en grande difficulté. Comme ils peuvent le faire en Afrique et en Europe.

CHAPITRE IX

Les lobbies contre l'Amérique

Le 20 janvier 2011, Hu Jintao se rend en visite à Chicago, la ville de Barack Obama. Le choix n'est pas dû au hasard. L'Illinois s'est mis en quatre pour accueillir le président chinois et sa délégation de quatre cents entrepreneurs. Il est vrai que l'État et Chicago, ancienne capitale du crime organisé, sont en quasi-faillite. Dans les années quatre-vingt-dix, le déficit devient structurel. D'un côté, des recettes fiscales très limitées, avec un taux d'imposition très faible et non progressif, des lobbies encore plus puissants qu'ailleurs, et une corruption omniprésente. De l'autre, des dépenses budgétaires presque incompressibles, car on ne se fait pas élire sur des programmes de rigueur. Résultat : pour boucler ses budgets, l'Illinois emprunte et oublie de verser ses cotisations au fonds de retraite des salariés. Il manquait, en moyenne, chaque année, 2 à 3 milliards de recettes. Avec la crise et la chute des maigres recettes fiscales, le trou s'aggrave : 4 milliards par an[47]. Et même près

47. *Le Monde*, 23-24 janvier 2011 (article de Sylvain Cypel).

de 8 milliards, après la gestion déplorable du dernier gouverneur démocrate, Rod Blagojevich, aujourd'hui poursuivi pour corruption. Son prédécesseur républicain, lui, est en prison, pour les mêmes raisons. Au moment où Hu Jintao rencontre le gratin de Chicago, la dette cumulée de l'Illinois atteint 76 milliards de dollars. Plus personne ne veut lui prêter. Le nouveau gouverneur a, dans un premier temps, appliqué une thérapie à la grecque : réduction de 10 % des allocations aux services sociaux qui ont supprimé un quart de leurs programmes et licencié en masse. L'âge légal de la retraite des fonctionnaires a été porté à soixante-sept ans. Nombre de fonctionnaires ont été mis au chômage technique sans indemnités. L'impôt sur le revenu a été relevé de 3 % à 5 %, et celui sur les bénéfices des entreprises de 7,3 % à 9,5 %. Mais tout cela ne saurait suffire à inverser la spirale déflationniste de l'État dont le président Obama était l'élu.

Or voilà que le bon monsieur Hu Jintao apporte l'espoir. Nul doute qu'on ne voie, à Pékin, l'Illinois et Chicago comme un formidable laboratoire pour infiltrer les États-Unis, dans ce qui fut le berceau de l'automobile, pilier du capitalisme américain. Les édiles locaux déroulent le tapis rouge pour la délégation chinoise. Richard M. Daley, le maire de Chicago, promet à Hu Jintao que « *[sa] ville sera la plus amicale de tous les États-Unis envers la Chine* ». Richard M. Daley n'est pas n'importe qui. C'est le fils de Richard J. Daley, qui dirigea la ville pendant vingt et un ans. Un maire dont la réputation, à l'image de celle de Chicago, n'était pas sans tache. Les Daley, c'est une dynastie qui tient Chicago et l'Illinois depuis des décennies. Une dynastie qui a choisi le Parti démocrate, sans doute parce que le poids de l'AFL-CIO (confédération syndicale) dans cet État de l'automobile, avec des salariés très syndiqués, y est particulièrement important. Richard J. Daley a eu sept enfants. L'un a repris la mairie en 1989. Un autre a été un des représentants de l'Illinois. Le septième et petit dernier, Bill Daley, est peut-être celui qui effectue le parcours le plus remarquable dans le sillage des présidents démocrates. Oublions son passage, dans les années 1990, à la tête de Fanny Mae, une des deux caisses d'épargne spécialisées dans les prêts au logement qui coûtera une fortune aux contribuables américains. Fervent apôtre du libre-échange (un «globaliste») cher à Bill Clinton, il en fut le secrétaire d'État au Commerce de 1997 à 2000. C'est à ce poste qu'il participa activement, tout comme Lawrence Summers, alors secrétaire au Trésor, aux négociations qui permirent à la Chine d'intégrer l'OMC. À l'époque, ces négociateurs, aveuglés par leur vision globaliste, avaient tout simplement oublié d'intégrer la question des taux de change dans la négociation. Ils ont – consciemment ou non – permis à la Chine de conserver son lien avec le dollar et de bénéficier ainsi d'un dumping monétaire indu à l'intérieur de l'OMC.

Lorsque George W. Bush entre à la Maison-Blanche, Bill Daley pantoufle... chez J.P. Morgan, dont il devient le vice-président, en charge du Midwest. J.P. Morgan est alors une des plus grandes banques privées, connotée «wasp» et plutôt démocrate. Son PDG, Jamie Dimon, deviendra, avec Loyd Blankstein, son homologue de Goldman Sachs, l'interlocuteur privilégié de Barack Obama, au lendemain de son entrée en fonction. Bill Daley sera très proche du staff du président, tout en critiquant les choix de ce dernier en matière de réforme de la sécurité sociale qu'il juge trop à gauche. Au moment même où Hu Jintao est reçu par son frère à Chicago, Bill Daley est nommé chef de cabinet de Barack Obama, poste clé du système de pouvoir à la Maison-Blanche. Il y remplace... Rahm Emanuel, choisi pour succéder à son frère à la mairie de Chicago en mai 2011. Tout cela ressemble fort à une histoire de « familles » et à des petits arrangements entre amis. Les Chinois, fins connaisseurs des réseaux américains, ont donc visé juste. Une trentaine de contrats entre entreprises chinoises et américaines ont été signés lors du passage du président chinois. On n'exclut pas l'idée que Pékin puisse acheter des obligations émises par l'État de l'Illinois. Élus démocrates et représentants de la chambre de commerce locale, très marquée à droite, ont tout fait pour « *convaincre leurs interlocuteurs qu'en Illinois, ils trouveront des travailleurs qualifiés et des incitations publiques de premier ordre* ». Bref, Chinese Investments welcome !

Rahm Emanuel, installé dans le fauteuil de maire de Chicago depuis le 17 mai 2011, est une de ces éminences grises qui œuvrent dans l'ombre des présidents démocrates. Il fut le conseiller politique de Bill Clinton, avant d'être le chef de cabinet de Barack Obama. L'homme avait un livre de chevet, *The Rise and Decline of Nations*, de Mancur Olson[48]. Dans cet ouvrage, paru en 1982, l'économiste américain tente d'analyser les raisons pour lesquelles des pays à l'apogée de leur puissance sombrent dans le désordre, alors que d'autres, apparemment ruinés, retrouvent très vite le chemin de la prospérité. À l'époque, Mancur Olson s'était focalisé sur le cas de la Grande-Bretagne

48. Sociologue et économiste décédé en 1998. Auteur de plusieurs ouvrages publiés à Harvard et Yale.

d'un côté, et de l'Allemagne et du Japon de l'autre. Sa thèse : le succès fait émerger des groupes de pression, des lobbies, qui cherchent par tous les moyens à préserver leur position. En revanche, la défaite a entraîné la liquidation des lobbies dans les pays vaincus qui ont pu ainsi repartir sur de nouvelles bases. Lorsque Mancur Olson publie son ouvrage, les États-Unis et la Grande-Bretagne sont en pleine révolution néolibérale. Ronald Reagan et Margaret Thatcher ont engagé la liquidation d'une partie des groupes de pression qui, à leurs yeux, bloquent le développement économique et l'innovation. Syndicats corporatistes, entreprises monopolistiques, administration tentaculaire. Dans cette vision, très schumpétérienne, on casse pour reconstruire... en attendant que de nouveaux lobbies remplacent les anciens.

Au lendemain de la victoire de Barack Obama à l'élection présidentielle, Rahm Emanuel, très proche du nouveau président, explique à un parterre de chefs d'entreprise que « *la crise [pouvait] être une opportunité pour faire des choses qu'on n'aurait pas pu faire auparavant* ». Ce qui, traduit en langage courant, signifie que la faillite de Lehman Brothers peut être l'occasion, comme en 1980, de rebattre les cartes, de casser un certain nombre de lobbies, pour permettre à l'économie américaine de repartir sur de nouvelles bases. C'est cette stratégie qui va être en partie mise en œuvre dans les premiers mois de la présidence Obama[49].

L'Amérique de Clinton et des Bush avait laissé prospérer, au-delà du raisonnable, cinq grands lobbies.

---

49. Voir à ce sujet, du même auteur, *La Dernière Bulle*.

Le premier, traditionnel outre-Atlantique, est le lobby militaro-industriel, déjà dénoncé il y a plus d'un demi-siècle par le président Dwight Eisenhower qui, en tant qu'ancien général en chef, savait de quoi il parlait. C'est un groupe de pression généralement proche des républicains, même si la Silicon Valley, plus démocrate, a largement bénéficié des subventions et des crédits de recherche du ministère de la Défense.

Deuxième lobby : l'industrie automobile et, par extension, les pétroliers. La voiture, gourmande en gallons d'essence, a été l'un des moteurs principaux du développement de l'économie américaine. Tout ce qui consomme du pétrole a été favorisé, ce qui explique qu'on ait privilégié le transport routier, plutôt que ferroviaire. L'industrie automobile, jusqu'en 2008, a toujours refusé de se remettre en cause, et d'investir dans les moteurs du futur, notamment électriques. C'est le seul lobby que Barack Obama réussira à faire plier en virant les dirigeants des grandes firmes et en les nationalisant *de facto*. Trois ans plus tard, l'automobile américaine était sauvée.

Troisième lobby : celui de la Chambre de commerce des grandes entreprises américaines, du Standard & Poor's 500. C'est le lobby le plus actif à Washington. Son budget est considérable : 200 millions de dollars par an. Ses seules dépenses de lobbying ont bondi de 8,7 millions en 2000 à 144 millions en 2009. La Chambre de commerce a essaimé, à travers un réseau de filiales, les « AmChams » dans cent huit pays. Celles-ci sont au service des intérêts des entreprises américaines et marchent souvent la main dans la main avec le département d'État. En contrepartie, les entreprises étrangères, membres des AmChams, peuvent utiliser les services de la toute-puissante maison mère à Washington. Selon des enquêtes journalistiques qui n'ont pas été contredites sur le fond, le réseau des AmChams contribue, lui aussi, au financement des campagnes électorales américaines. Ce qui est interdit par la loi, mais très difficile à prouver compte tenu de la relative opacité qui préside aux flux financiers entre la maison mère américaine et ses filiales. La Chambre de commerce est de loin le premier lobby américain, car elle mêle en son sein industriels et financiers. Chacun ayant, par ailleurs, son propre lobby, tout comme la plupart des grandes entreprises ont également leur propre système de donation aux politiques... et aux médias sous forme de publicité. L'American Chamber fait le siège des sénateurs et des représentants, pour obtenir toujours plus d'avantages fiscaux et bloquer toute mesure qui pourrait entraver les profits de ses membres. Ce lobby, fort compétent, n'a qu'une devise : ce qui est bon pour nos entreprises l'est forcément pour les États-Unis. Les élus sont d'autant plus enclins à l'écouter qu'il est devenu l'un des principaux bailleurs de fonds pour les campagnes électorales. En 2008, il a été dépensé au total 6 milliards de dollars pour les campagnes présidentielle et législative[50].

50. Dans un article du *New York Times*, un sénateur démocrate a expliqué pourquoi il ne se représentait pas. Désormais, un parlementaire doit utiliser la majeure partie de son temps pour chercher de l'argent afin de financer ses campagnes électorales. Non seulement cette quête le rend de plus en plus fragile face à ses bailleurs de fonds, mais cela capte toute son attention et l'empêche de se concentrer sur les sujets de long terme, et de réfléchir aux véritables enjeux de société. Enfin, selon ce sénateur, la collecte de fonds exacerbe les antagonismes entre les deux parties, chacun étant en compétition pour capter le maximum d'argent, et prêt à toutes les concessions à l'égard des lobbyistes.

Quatrième lobby, qui a grossi au fil des décennies, le lobby médical et des compagnies d'assurances. Les dépenses de santé par tête d'habitant aux États-Unis sont parmi les plus élevées au monde, pour des prestations qui ne cessent de baisser en qualité. Elles s'élèvent à 16 % du PIB (contre 6 % en 1968), à comparer avec un taux de 10 % en France et au Canada. La médecine américaine demeure, en termes de recherche et de connaissances, la meilleure du monde. Mais elle est surtout réservée à ceux qui peuvent payer. C'est un domaine où les inégalités ne cessent de se creuser, parce que le coût des prestations n'arrête pas de grimper. Le lobby médical – médecins, pharmaciens, laboratoires, hôpitaux, cliniques – a réussi à persuader gouvernement et consommateurs qu'il fallait payer pour des traitements toujours plus chers, dont l'efficacité est loin d'être démontrée. Les assurances privées sont complices de ce lobby, puisqu'elles répercutent purement et simplement les coûts de la couverture sociale et des traitements dans les primes. Dans le système américain, c'est l'employeur qui assure la couverture sociale. Si vous avez perdu votre emploi, si vous n'en avez pas officiellement, ou que votre employeur oublie de cotiser, vous êtes sans couverture, étant entendu que les plus de soixante-cinq ans sont assurés par Medicare. Une cinquantaine de millions d'Américains sont ainsi hors du champ de la sécurité sociale.

Dernier lobby, et non des moindres, le lobby financier. Il est monté en puissance dans le sillage de la déréglementation. Il a misé sur les démocrates. Ce ne fut pas toujours le cas. C'est un président démocrate, Franklin D. Roosevelt, qui, en 1932, au plus fort de la Grande Dépression, a le premier rogné les ailes du lobby. À travers le Glass Steagle Act, séparant banques de dépôt et banques d'investissement, et la création d'agences d'État garantissant les déposants. En réglementant le marché boursier, et en construisant, à côté de la Réserve fédérale, un système parallèle, étatique, pour financer les pauvres, les classes moyennes, les PME et les grands travaux d'infrastructure. Un autre président démocrate, John Kennedy, avait également tenté de s'attaquer frontalement au lobby financier et à la Réserve fédérale, qui en est l'émanation de par ses statuts et son fonctionnement[51]. John Kennedy, comme Abraham Lincoln, un siècle auparavant, avait voulu donner au département du Trésor le pouvoir d'émettre des billets de banque, en lieu et place de la Fed, qui a, depuis sa création en 1913, le monopole de battre monnaie, en imprimant ses *Fed Notes*. Quelques semaines plus tard, John Kennedy – comme Abraham Lincoln – est assassiné. Une des premières décisions de Lyndon Johnson sera de retirer de la circulation les 4 milliards de dollars de *US Notes* que le Trésor avait commencé à émettre. Après cet épisode, les démocrates, par pragmatisme, ou au nom de leurs intérêts bien compris, ont choisi de ne plus s'affronter à un lobby qui, en outre, savait se montrer reconnaissant, comme en témoigne la ventilation des dons pour les campagnes électorales, les démocrates récupérant environ deux tiers des sommes allouées par Wall Street, contre un tiers pour les républicains.

En 1992, Bill Clinton avait manifesté quelques velléités de s'attaquer au lobby financier. Son futur secrétaire au Trésor, Robert Rubin, qui allait

51. Voir, du même auteur, *La Dernière Bulle*.

pantoufler chez Goldman Sachs, lui avait alors expliqué les risques que le nouveau président prendrait en s'attaquant aux acteurs du marché financier. Réaliste, lucide, voire désabusé, Bill Clinton avait alors rétorqué : *« Si je comprends bien, le succès de mon programme économique dépend du bon vouloir de la Réserve fédérale et d'une poignée de* fucking traders. » L'administration Clinton fut, au cours de ces huit années, celle qui acheva de démanteler tout ce qui pouvait ressembler à de la régulation financière et qui permit à Wall Street de connaître une croissance exponentielle de ses profits, des gains de ses dirigeants et de son pouvoir. On ne sait si Barack Obama, au lendemain de son élection, eut la même conversation avec Lawrence Summers, Rahm Emanuel, Timothy Geithner, tous… clintoniens, tous étroitement liés au lobby financier, tous persuadés qu'il n'y aurait pas de sortie de crise si on s'attaquait frontalement à lui.

Tim Geithner mérite que l'on s'arrête un instant sur son cas. L'homme a occupé diverses fonctions au FMI et au département du Trésor. Ce jeune technocrate a quelques mentors prestigieux : Henry Kissinger, Gerald Corrigan, ancien président de la Fed de New York et un des dirigeants de Goldman Sachs, et Pete Peterson, de Blackstone, aujourd'hui numéro un mondial des fonds d'investissement. C'est un protégé de Robert Rubin, le premier secrétaire au Trésor de Bill Clinton. C'est lui qui le placera comme numéro deux lorsque Lawrence Summers lui succédera. Tim Geithner va donc participer activement au démantèlement du Glass Steagle Act, cette loi prise par Roosevelt qui interdisait aux banques commerciales de faire de la banque d'affaires et inversement.

À l'époque, l'homme paraît timide, presque falot. C'est peut-être pour cela que le système va le choisir, en 2003, comme président de la Banque fédérale de New York, pilier du système de la Réserve fédérale. C'est un poste essentiel pour les grandes banques et les firmes de Wall Street. Il sera coopté par un petit comité rassemblant le patron d'AIG, les anciens présidents de Goldman Sachs, J.P. Morgan et Lehman Brothers. Tim Geithner joue un rôle clé à la tête de la Fed de New York, lorsque les prémices de la crise apparaissent. En août 2007, dans la plus grande discrétion[52], il accorde à une série de banques des facilités de caisse : 500 millions de dollars chacun pour Citigroup, J.P. Morgan, Bank of America et Wachovia ; 350 millions pour la Commerzbank. En septembre, cela continue. Les filiales des banques étrangères installées à New York obtiennent 1,7 milliard de dollars de crédits court terme. Pourquoi de telles largesses ? Parce que le monde de la finance sait ce que le grand public ignore encore : la crise est imminente, et le marché du crédit interbancaire se grippe. Il faut donc aller chercher l'argent chez le banquier en dernier ressort : la Fed de New York. Les facilités de caisse vont prendre de l'ampleur. Les milliards deviennent des dizaines de milliards. Aux prêts court terme s'ajoute la prise en charge par la Fed de New York de centaines de milliards de dollars d'actifs bancaires pourris (prêts commerciaux, prêts hypothécaires, *subprimes*, etc.). Le 4 novembre 2008, le

52. On découvrira les largesses de Tim Geithner lorsqu'il était à la tête de la Federal Reserve Bank de New York, au printemps 2011 : à la suite d'une longue action en justice d'un reporter de Bloomberg, la Fed a été contrainte de publier des documents confidentiels.

jour même de l'élection présidentielle, Tim Geithner, au plus fort de la crise, signe pour 133 milliards de dollars de crédits, dont 40% iront à la banque allemande Depfa et à Dexia. De quoi s'assurer quelques reconnaissances pour la suite. Timothy Geithner, que beaucoup sous-estimaient (sans doute parce qu'il ressemblait à un premier communiant égaré dans la fosse aux lions), va devenir incontournable. Il est nommé par Barack Obama secrétaire au Trésor. Rahm Emanuel, lui, devient son chef de cabinet et Lawrence Summers prend la tête de son équipe économique. Les trois hommes vont plaider, pendant l'interrègne – cette période de deux mois qui sépare l'élection et l'entrée en fonction du nouveau président –, pour un traitement en douceur de Wall Street. On est alors au cœur de la tourmente. Leur discours est assez simple : si le président veut faire passer sa réforme de la santé, à laquelle il tient tant ; s'il veut sauver l'industrie automobile, pilier de l'activité économique de l'Illinois et de Chicago ; s'il veut éviter un effondrement du système financier mondial, il faut aider Wall Street, en injectant de l'argent dans les banques, en laissant la Réserve fédérale inonder le marché de dollars[53]. Sur un plan plus politique, on fait valoir au nouveau président qu'il ne peut affronter tous les lobbies en même temps. Sous-entendu : « *Vous aurez besoin de la neutralité de Wall Street dans vos attaques contre le lobby médical et celui de l'automobile. Vous avez besoin de la finance pour relancer*

53. Ben Bernanke a remplacé Alan Greenspan à la tête de la Fed en 2006. Grand spécialiste de la crise de 1929, il a bâti une théorie baptisée «Bernanke Helicopter» Pour éviter une réaction en chaîne, il faut que la Fed et les banques centrales arrosent le marché de liquidités.

l'économie. Et sans reprise, vous perdrez les élections de mi-mandat en novembre 2010, et vous mettrez en péril votre réélection de 2012.»

Leur plaidoyer va d'autant mieux séduire le nouveau président qu'il n'est pas dans sa nature de partir à l'assaut, flamberge au vent. C'est une chose de traiter les banquiers de *fat cats* et de dénoncer devant le bon peuple les dérives du capitalisme financier, c'en est une autre de prendre des mesures concrètes pour rogner les pouvoirs de Wall Street. La personnalité de Barack Obama n'a rien à voir avec celle de George W. Bush. Sa stratégie, explique Bob Woodward[54], «*tient en un mot ou presque: la recherche du compromis, trouver une voie médiane qui ne lui coûte pas trop cher médiatiquement*». Il n'a pas de doctrine. «*C'est un avocat, qui recherche le point d'équilibre entre des intérêts divers.*» Nul ne nie son intelligence exceptionnelle, ses talents d'orateur, sa faculté à capter l'attention des foules. Mais était-il *the right man at the right moment*? En clair, est-ce que les États-Unis n'auraient pas eu besoin, en 2008, d'une sorte de Reagan de gauche ou d'ailleurs, capable de casser les lobbies et de remobiliser le pays sur de nouveaux objectifs?

Barack Obama est un métis. Son père n'était pas un Noir américain descendant des esclaves, mais un Africain, un Kenyan qui n'aura pratiquement pas vécu aux États-Unis, et que le président n'aura que très peu connu. Sa mère, originaire du Kansas, issue de la petite classe moyenne[55], épousera en secondes noces un Indonésien. C'est dans ce pays que le jeune Barack, né à Hawaï, passera une partie de sa jeunesse. Par ses

54. *Le Figaro*, 7 avril 2011.
55. Avec un lointain ancêtre irlandais.

origines, son parcours, Barack Obama préfigure, en quelque sorte, l'Amérique de demain. Une Amérique où les descendants des immigrants européens pèsent de moins en moins, face aux immigrants de fraîche date : Latinos, Africains, Asiatiques. Le centre de gravité des États-Unis change. Et cela se répercute sur sa politique extérieure, les grandes orientations du pays, ses alliances. Barack Obama n'a aucun lien avec l'Europe, qu'il ne connaît pas. Pour un peu, il reprendrait à son compte la phrase de Donald Rumsfeld, le secrétaire à la Défense de George Bush, qui parlait de la Vieille Europe avec un ton méprisant. Barack Obama incarne les nouvelles priorités des États-Unis du XXIe siècle. La Chine, les pays émergents, l'islam et son milliard d'hommes. L'Europe n'est plus un marché aussi intéressant qu'hier pour les multinationales américaines. En outre, hormis la Grande-Bretagne, elle ne finance pas sa dette publique, et l'euro peut apparaître comme un concurrent du dollar. Enfin, même si Barack Obama s'était prononcé contre la guerre en Irak, à l'inverse d'Hillary Clinton, la classe dirigeante américaine n'a pas digéré l'opposition de la France, de l'Allemagne et de la Russie. À l'époque, le même Donald Rumsfeld avait dit : « Punir la *France*, ignorer l'*Allemagne*, pardonner à la *Russie*. » Un principe qui reste toujours à l'esprit, de manière subliminale, parmi les élites américaines. Depuis, Washington pardonne d'ailleurs de moins en moins à Moscou. Dans la stratégie de Barack Obama, l'Europe sert de monnaie d'échange avec la Chine et les émergents. L'idée de base est d'accorder à ces derniers de plus en plus de poids dans les différentes instances internationales (FMI, ONU, etc.). Tout en préservant celui des États-Unis. C'est ainsi qu'au FMI, l'Allemagne, la Grande-Bretagne et quelques autres ont accepté de diminuer leurs droits de vote, sous la pression américaine, au profit de la Chine et d'autres émergents. Les États-Unis, eux, ont conservé leurs participations et leur droit de veto. Sur les questions environnementales, au sommet raté de Copenhague, Barack Obama aura finalement plus joué le jeu des Chinois que des Européens. Certes, l'absence de leaders charismatiques en Europe joue un rôle dans ce désintérêt relatif manifesté par le président américain. Tout l'oppose à un Nicolas Sarkozy ou à un Silvio Berlusconi, sans parler d'Angela Merkel. De plus, son entourage, notamment Tim Geithner, est beaucoup plus tourné vers l'Asie, la Chine que vers l'Europe. Celle-ci doit le savoir. Le lien historique, presque charnel, entre l'Ancien et le Nouveau Monde, est de plus en plus ténu. Désormais, l'Amérique de Barack Obama ne nous fera aucun cadeau. Le lobby pro-européen, dans une Amérique où les lobbies manipulent la démocratie, ne pèse plus grand-chose.

CHAPITRE X

Valse-hésitation à la Maison-Blanche

Pendant toute la première année de son mandat, Barack Obama va se consacrer à ce qu'il estime être son grand projet : la réforme de la santé. Il laisse à Tim Geithner et aux autres le soin de s'occuper de la crise financière. Certes, il participe aux sommets du G8 et du G20 ; il distille de beaux discours, dénonçant les dérives du capitalisme financier, appelant à une nécessaire régulation. Mais, dans les faits, les grandes banques s'en sortent bien. Goldman Sachs et J.P. Morgan, les parrains du secteur, retrouvent le chemin des profits et annoncent, dès le printemps 2009, qu'ils vont pouvoir rembourser, le plus vite possible, les 700 milliards de dollars reçus de l'État dans le cadre du TARP (Troubled Asset Relief Program), décidé sous l'administration Bush après la faillite de Lehman Brothers. À Wall Street, les cours des valeurs financières repartent à la hausse. Une habile communication laisse entendre que finalement les banques – du moins celles qui ont survécu à la crise – se portent mieux qu'on ne le pensait. Dès lors, ce n'est plus la peine de punir les banquiers et d'adopter une réglementation contraignante que seuls des «socialistes ennemis du *free market*» peuvent encore attendre.

Le 17 juin 2009, Barack Obama présente le plan concocté par Tim Geithner, Lawrence Summers et Ben Bernanke. Il vise «*à mettre en place des règles qui permettront à [nos] marchés de promouvoir l'innovation tout en décourageant les abus*». La montagne accouche d'une souris. Le plan se contente de redéfinir les rôles des uns et des autres, et de promettre ici ou là une meilleure surveillance de Wall Street. Pourtant, si Wall Street se porte mieux, si les banques renouent avec les profits, si les bonus sont de retour, Main Street est toujours au fond du trou. Et l'électorat de Barack Obama juge qu'il y a deux poids, deux mesures. On a sauvé les banques, mais pas le peuple américain. La reprise est plus que timide, et surtout, le chômage reste toujours aussi élevé. La gauche du Parti démocrate commence à lâcher le président, au moment même où ce dernier est en butte à une attaque d'une violence inouïe, de la part des républicains, sur sa réforme de la santé.

Les risettes au lobby financier n'ont servi à rien. Bien au contraire. Ayant montré sa faiblesse – pour ne pas dire sa complaisance – à son égard, il a stimulé ses adversaires, à commencer par le lobby médical. L'idée de base de Barack Obama, qui était déjà celle de Bill Clinton et d'autres, aurait dû pourtant recueillir un large consensus. Il n'est pas acceptable que la première puissance mondiale laisse en dehors de toute couverture sociale une cinquantaine de millions de ses citoyens. Le projet vise à donner une couverture médicale universelle à cette population. Barack Obama aurait pu mener un combat frontal contre les lobbies, se présenter comme le président qui propose un système de couverture sociale universelle pour tous. Le président du peuple contre les compagnies d'assurances qui n'ont pas bonne presse outre-Atlantique. Mais Barack Obama est un homme qui cherche perpétuellement le compromis. Il essaie donc de négocier avec les assureurs en leur proposant de gérer la couverture santé qu'il souhaite étendre à la plupart des personnes non assurées. Toutefois, une telle couverture a un coût : 1 000 milliards de dollars sur dix ans, qu'il faut aller chercher dans un budget fédéral dont le déficit ne cesse de grossir et d'accroître la dette publique. Le gouvernement a donc voulu obtenir des recettes en réduisant les prestations de Medicare, en augmentant les taxes sur certaines assurances, etc. À chaque fois, il fait de nouveaux mécontents. Plus le Président cherche le compromis, plus le lobby médical et des assurances se déchaîne contre lui. Jusqu'à la chambre de commerce qui part en guerre contre une mise en concurrence possible du système privé de couverture, avec un système d'État. Les élus républicains vont être d'autant plus hostiles à la réforme, qu'ils doivent faire face à la montée en puissance du Tea Party.

Le Tea Party est quelque chose de difficilement compréhensible pour un Européen, surtout pour un Français. C'est une sensibilité profondément ancrée dans la société américaine. Ses racines remontent à la guerre d'Indépendance. Elle donne une primauté absolue à la liberté individuelle par opposition à toute contrainte qui se veut collective. Un mélange de libertarisme, de conservatisme et de populisme. Avec une méfiance exacerbée à l'égard de tout ce qui peut représenter le *Big Government*, c'est-à-dire l'État, et le *Big Business*, symbolisé aujourd'hui par Wall Street.

Le Tea Party version 2009 se veut une révolte des classes moyennes, du petit Blanc du Middle West qui croit en Dieu et dans le système de valeurs qui a fait de l'Amérique la principale puissance mondiale. Le Tea Party, c'est le rejet de l'État qui s'exprime à travers le refus de l'impôt et de tout ce qui peut alimenter le budget fédéral et son déficit. C'est la croyance dans la mission divine de l'Amérique, le puritanisme, la haine des élites, surtout celles de Washington, mais aussi des financiers de Wall Street. C'est le rejet de tout assistanat, car aux États-Unis, l'homme méritant peut s'en sortir tout seul. C'est une quintessence d'un ultralibéralisme absolu, qui va jusqu'à dénier à la Fed le droit de battre monnaie, et d'un libre-échangisme total. Le Tea Party est populiste, patriote (« America First »), mais il reste, pour le moment, peu réceptif aux sirènes protectionnistes.

Tous les arguments seront bons, y compris ceux en dessous de la ceinture, pour faire croire à l'Américain moyen qu'il sera, en réalité, la principale victime de cette réforme de la santé : comme contribuable, parce qu'il faudra financer les 1 000 milliards de dollars ; comme assuré, parce que la couverture universelle se traduira par une moins bonne prise en charge pour les autres. Pendant des mois, la bataille se déchaîne. Elle permet aux républicains de se refaire une santé. Quant aux démocrates, certains donnent des signes de faiblesse. Travaillés au corps par le lobby, une quarantaine de représentants se déclarent opposés à la réforme du président. Ce dernier commence alors à s'inquiéter de la situation politique. Tim Geithner et Lawrence Summers lui avaient promis le soutien de Wall Street pour sa réforme. Il a sauvé les banquiers. Mais ces derniers ne se mouillent pas dans la bataille de la santé. Le chômage est toujours aussi élevé, et la gauche du parti renâcle de plus en plus. Le Président risque donc d'être pris en étau entre une droite qui ne lui laisse aucun répit et sa gauche qui le lâche. Or, les *midterms* (élections de mi-mandat) approchent[56]. À fin 2009, le président change de pied. Pour reconquérir son électorat, il donne un coup de barre à gauche. Non seulement dans les discours, mais aussi dans les actes. Tim Geithner et Lawrence Summers ne sont pas vraiment en disgrâce, mais ils sont au piquet. Comme ces bons élèves qui ont failli et que l'on renvoie au fond de la classe. Une photo symbolise ce virage. Le 21 janvier 2010, nouvelle conférence de presse du président pour présenter une version beaucoup plus dure de la réforme bancaire. Sur l'estrade, au centre, le président. À sa gauche, le vice-président, Joe Biden, sans doute l'un des membres du *staff* le moins sensible aux arguments du lobby financier. À sa droite, Paul Volcker. Figurent encore sur la photo Christopher Dodd et Barney Frank, deux sénateurs démocrates, bêtes noires de Wall Street, qui vont mettre en musique la loi au Sénat. Relégués à chaque extrémité, l'air contrit, Tim Geithner et Lawrence Summers.

Paul Volcker, l'antithèse de Tim Geithner, fut sans doute le gouverneur de la Réserve fédérale le plus respecté, sous Jimmy Carter puis Ronald Reagan. L'homme a son franc-parler. Il ne doit rien à personne et n'attend plus rien de personne. Il avait accepté d'intégrer l'équipe des conseillers économiques

56. Les démocrates vont subir, en janvier 2010, une défaite symbolique. Le siège de sénateur du Massachusetts, que détenait Ted Kennedy, mort d'un cancer à l'été 2009, est conquis par un jeune sénateur républicain inconnu.

de Barack Obama. Bien vite, le tandem Summers-Geithner avait tout fait pour le marginaliser. Il est vrai que Paul Volcker n'avait aucune complaisance pour Wall Street. Il militait, depuis le premier jour, pour un retour, par la contrainte, au Glass-Steagall Act. Cette loi, adoptée par Roosevelt, au lendemain de la crise de 1929, interdisait aux banques de détail de faire de la banque d'investissement. Volcker avait donc concocté son propre plan à côté de celui de Tim Geithner. Interdiction aux banques commerciales de spéculer sur les marchés pour leur propre compte, et de commercer avec les *hedge funds* (fonds d'investissement). Ce qui aboutirait de facto à couper les grandes institutions financières de Wall Street en deux. En outre, il prévoit d'instaurer une taxe sur les grandes banques pendant une dizaine d'années. Wall Street a la gueule de bois. Elle pensait avoir évité le pire ; Jamie Dimon, le patron de J.P. Morgan Chase Co., et Lloyd Blankstein étaient même devenus des visiteurs assidus du président, le week-end à la Maison-Blanche. Ils pensaient avoir affaire à un « blairiste », un émule de Bill Clinton, qui comprenait toute l'importance de l'industrie financière. Ils avaient apprécié qu'aucun banquier n'ait été poursuivi par la justice. Dans les années 1980, lors de la débâcle des *Saving and loans*, les caisses d'épargne américaines, il y avait eu plus de mille cent procès, et huit cents dirigeants et cadres d'établissements financiers avaient été emprisonnés. Cette fois, la crise est d'une tout autre ampleur, et les turpitudes de Wall Street au moins aussi grandes que celles des *Saving and loans*. Tim Geithner, à la mi-octobre 2008, va sauver la mise de ses mentors. Lors d'un tête-à-tête avec Andrew Cuomo, alors procureur général de l'État de

New York[57], il plaide pour qu'aucune action pénale ne soit entreprise, car cela risquerait d'aggraver la situation. Il faut tout faire pour calmer les marchés et éviter de fragiliser encore un peu plus le système financier. Les deux hommes se connaissent bien. Ils avaient noué des relations amicales, lorsqu'ils servaient tous deux l'administration Clinton. Le *deal* sera efficace, mais lourd de conséquences politiques. Aucune action pénale ne sera engagée, sauf, bien sûr, contre Bernard Madoff et Fabrice Tourre, un jeune trader de Goldman Sachs, qui sert de lampiste dans le scandale du fonds Abacus. Un produit financier «toxique», vendu en toute connaissance de cause aux clients de la banque. L'opinion publique américaine, Main Street, aura le sentiment d'une impunité à l'égard des banquiers responsables de la crise. En ne lançant pas les enquêtes nécessaires tout de suite, la justice va se lier les mains. D'une part, elle n'a pas recruté en son sein les compétences nécessaires pour démêler les montages financiers excessivement complexes. D'autre part, plus le temps passe, moins les preuves subsistent, et plus il deviendra impossible de mener les enquêtes en profondeur.

Wall Street pensait donc être sorti d'affaire. Que c'en était fini avec le «banker bashing». Or voilà que Barack Obama fait un virage à cent quatre-vingts degrés, et recommence à les traîner publiquement dans la boue. Pis, le plan Volcker, s'il est appliqué, va rogner leurs profits, avec lesquels ils viennent de renouer. Leurs analystes ont commencé à faire les comptes. Paul Volcker connaît la musique. En

57. Il sera élu gouverneur de l'État, fin 2010.

s'attaquant au *prop trading*, c'est-à-dire le *trading* pour compte propre, et en leur interdisant d'utiliser les fonds de la Réserve fédérale prêtés à des conditions préférentielles pour spéculer, il touche au cœur du dispositif. «*Entre les* hedge funds, *les activités de* prop trading, *les fonds d'investissement et toute la banque d'affaires, Citi Group et J.P. Morgan devraient céder chacune environ 700 milliards de dollars d'actifs*», selon Lawrence White, professeur à la New York Stern University[58]. Goldman Sachs a également fait tourner ses ordinateurs. L'interdiction du seul *prop trading* entraînerait une perte de revenus de 15 milliards de dollars. Impossible. Le secteur bancaire, et surtout ses dirigeants, viennent tout juste de retrouver les niveaux de revenus qui étaient les leurs avant la crise. Pas question d'être «paupérisés» par des mesures concoctées par un homme qu'ils qualifient de vieillard, certains ajoutant «sénile».

Le lobby financier va se déchaîner. Faut-il voir un hasard du calendrier? Le lendemain de la conférence de presse et de l'annonce du plan Volcker, la Cour suprême des États-Unis rend un arrêt qui bouleverse la donne en matière de financement des partis politiques. La cour comporte neuf membres. Cinq ont été nommés par des présidents républicains, dont trois par George W. Bush, et quatre par les démocrates. Ce 21 janvier, à la surprise générale, la Cour, par cinq voix contre quatre, décide que les entreprises pourront désormais financer directement des campagnes publicitaires pour les élections. Depuis vingt ans, le financement était encadré. Les dons devaient transiter

58. *L'Expansion*, mars 2010.

par un comité politique des candidats. Avec des règles relativement strictes. Avec cet arrêt, n'importe quelle entreprise ou organisation pourra payer des campagnes de pub, sans limitation de montant, pour soutenir ou démolir tel ou tel candidat. Barack Obama ne s'y trompe pas. Dès le lendemain, il dénonce publiquement l'arrêt de la Cour, ce qui est rarissime de la part d'un président en exercice. Il a compris que les hostilités étaient engagées. Avec cet arrêt, c'est la campagne pour sa réélection en 2012 qui risque d'être compromise. Cette décision illustre les dérives et les limites de la démocratie américaine. L'argent a toujours été présent dans la vie politique. Mais il y avait des garde-fous. Désormais, il n'y a plus de limite. L'arrêt de la Cour suprême est peut-être la réponse du berger à la bergère. Lors de sa campagne, Barack Obama avait utilisé Internet pour drainer 1 milliard de dollars auprès de la masse des électeurs. Les petits chèques avaient réussi à l'emporter sur les gros. Désormais, grâce à la Cour suprême, les lobbies, les plus riches, ne seront plus limités dans leurs largesses à la classe politique. Ils vont s'en donner à cœur joie en cette année 2010. «*L'élection de mi-mandat arrive en novembre. Et nous sommes prêts à financer la publicité télé des candidats qui partagent notre avis*», avoue à *L'Expansion*, en mars, Gary Litman, un des directeurs de la United States Chamber of Commerce. «*Si ce projet de législation financière reste en l'état, nous pourrons même soutenir les adversaires de ceux qui auront voté en sa faveur. Le budget devrait tourner autour de 40 millions de dollars*[59].» Quarante millions? Le chiffre n'est

59. Finalement, la chambre de commerce dépensera au minimum 50 millions de dollars pour les *mid-terms*, en publicités directes.

pas cité au hasard. C'est précisément le montant que le seul lobby de Wall Street avait versé en 2008 au Comité politique démocrate. Dans des clips vidéo et télévisés, le Parti républicain va faire preuve de perversité. Il énumère la longue liste des dons, au dollar près, en provenance de Wall Street, reçus en 2008 par des élus démocrates. On apprend ainsi que Goldman Sachs leur avait versé 4,5 millions de dollars, contre 1,5 million seulement aux républicains. Conclusion de la contre-publicité : « *Le Parti démocrate, le vrai parti de Wall Street.* » Pour la Maison-Blanche, l'effet est dévastateur. Non seulement les grands lobbies coupent leurs subsides aux démocrates ou, du moins, à ceux des démocrates qui ne pensent pas bien ; mais le grand public assimile plus que jamais Wall Street aux démocrates et au gouvernement. La Maison-Blanche perd sur les deux tableaux.

Le 22 juin 2010, l'offensive se poursuit. Rupert Murdoch, le patron de News Corp, dont l'empire de presse diffuse la pensée conservatrice aux quatre coins du monde anglo-saxon, sonne la charge contre Barack Obama, à l'occasion d'un colloque à New York. Il menace : « *Si le président continue, l'économie américaine risque d'être condamnée à deux ans de stagnation.* » Sous-entendu : sa réélection est plus que compromise. Au même moment, Jeffrey Immelt, le patron de General Electric, explique que l'Amérique ne peut pas redevenir « *une super-puissance industrielle si le gouvernement et les entrepreneurs ne sont pas sur la même longueur d'onde* ». Le propos fait mouche, car Jeffrey Immelt est membre du conseil des experts économiques mis en place par Barack Obama. C'est un proche du président. Un autre de ses supporters, Warren Buffet, monte au créneau pour dénoncer le projet de taxe bancaire, d'un montant estimé à 90 milliards sur dix ans. Un montant pourtant dérisoire, quand on le compare aux bonus versés par les six principales banques américaines en 2009 : 130 milliards de dollars, dont 23 milliards pour la seule Goldman Sachs. Jimmy Dimon, le président de J.P. Morgan Chase, très proche du groupe de démocrates de Chicago, ne cache plus, en public, sa déception. Parallèlement, les assauts contre la réforme de la santé continuent. Au total, le lobby de l'assurance aurait, à lui seul, dépensé 86 millions de dollars. L'argent coule à flots... contre Barack Obama. À l'intérieur de son équipe, les dissensions apparaissent au grand jour. Le département du Trésor et la Fed ne se privent pas de critiquer, en privé, certaines dispositions du plan Volcker, rebaptisé loi Dodd-Frank, du nom des deux parlementaires qui mènent la bataille au Congrès.

Au début de l'été 2010, après avoir fait voter une réforme de la santé quelque peu édulcorée, le président obtient un vote favorable au « Wall Street Reform and Consumer Protection Act ». La loi ne compte pas moins de deux mille trois cents pages. Au fil des discussions, le lobby bancaire a réussi à atténuer certaines dispositions initiales. Si les banques, par exemple, ne peuvent plus investir dans des *hedge funds*, elles peuvent malgré tout y consacrer jusqu'à 3 % de leurs fonds propres. Quant aux nouvelles normes de fonds propres, elles sont repoussées dans le temps. On avait dénoncé la multiplicité des autorités de régulation qui nuisait à leur efficacité. On en ajoute deux, avec une agence de protection des consommateurs de produits financiers logée au sein même de la Fed. Les banques pourront d'ailleurs choisir la juridiction de régulation qui les arrange. Rien pour remettre en cause la consanguinité entre régulateurs, superviseurs et monde financier. La complexité est telle que la surveillance nécessite des experts affûtés. Or ces derniers ne peuvent être recrutés que dans le secteur bancaire. Les régulateurs ont donc tendance à ménager leurs anciens employeurs vers lesquels ils se retourneront pour retrouver un job lorsqu'ils quitteront leurs postes dans les instances de régulation. C'est toute la perversité du système et une des tares de nos démocraties occidentales. En la matière, l'autorégulation est impuissante, inefficace. La vertu, compte tenu des sommes en jeu, n'est plus de mise à Wall Street comme sur les autres places financières. On ne mord pas la main qui vous a donné – et vous redonnera – à manger. La loi Dodd-Franck n'a rien à voir avec le Glass Steagle Act. Pour Michael Dorsch, professeur à l'American University of Paris, il s'agit d'« *une nouvelle couche de peinture sur un mur qui s'émiette* ».

La loi Dodd-Franck à peine votée, le lobby s'emploie à en édulcorer encore un peu plus les mesures qui le gênent. Ce sera chose faite lorsque ses partisans, à l'intérieur de la Maison-Blanche, auront éliminé tous ceux qui ne lui étaient pas favorables. Tim Geithner est, une fois de plus, à la manœuvre. Il est de moins en moins effacé, de plus en plus présent, et se révèle finalement, sous ses airs angéliques, un tueur hors pair. Dans la plus grande discrétion, il rencontre les dirigeants de la Chambre de commerce. Sans doute pour préparer avec eux la troisième étape de la présidence Obama, qui doit marquer une rupture par rapport à la deuxième et à l'offensive contre Wall Street. Les termes d'un nouveau *deal* s'esquissent. L'administration Obama mettra une sourdine à ses propos contre le *big business* et la finance. En contrepartie, ces derniers participeront, plus qu'ils ne le font jusqu'alors, au redressement de l'économie, en investissant sur le sol américain. Avec un objectif: faire baisser le chômage. L'offensive de Tim Geithner va être relayée par un groupe de soixante-neuf parlementaires démocrates, la «New Democrat Coalition», ayant des liens étroits au lobby bancaire. Pendant la campagne électorale des *mid-terms*, Barack Obama continue de tenir des propos de gauche. Il promet de ne pas renouveler la disposition fiscale prise sous George W. Bush qui plafonne au taux de 35% l'impôt sur le revenu au-delà de 250000 dollars. Il propose de le porter à 39,5%. Sous la pression, il avait prolongé cette disposition jusqu'à la fin 2010, ce qui coûta au Trésor quelque 60 milliards de dollars[60]. Les lobbies savent cependant que cette disposition ne sera pas adoptée, car – tous les sondages le montrent – les démocrates vont perdre les *mid-terms*. Barack Obama, même s'il fait semblant de croire à une victoire possible, est déjà résigné... à redonner un nouveau coup de barre à sa politique. À droite cette fois. Les *mid-terms* perdus – la Chambre des représentants ayant basculé dans les mains des républicains Al-Ja'ashin [61] –, on accélère le changement d'équipe à la Maison-Blanche. Les uns après les autres, volontairement ou non, les conseillers de Barack Obama font leur valise.

60. À la fin 2010, les impôts fédéraux sont à leur niveau le plus faible depuis soixante ans.

61. Les deux tiers des représentants de la New Democrat Coalition ont, eux, été réélus. Ce qui accroît le caractère conservateur de la Chambre des représentants.

À tout seigneur, tout honneur : Larry Summers avait été le premier à partir, fin septembre. Le patron du Conseil économique est connu pour son caractère difficile, pour ne pas dire épouvantable : éclats de voix et engueulades étaient le lot commun de l'équipe. Ce n'était pas un chef d'équipe. Autant il excellait dans la critique, autant il était incapable d'organiser un système collectif permettant d'émettre des propositions originales et opérationnelles. C'est lui qui avait calibré, dans les premiers jours de la présidence, le plan de relance économique. Christina Romer, son alter ego comme présidente du Conseil des conseillers économiques, avait à l'époque formulé trois hypothèses. La plus élevée chiffrait à 1 200 milliards le montant nécessaire pour éviter un effondrement de la demande et de l'économie. Larry Summers lui avait demandé de ne pas citer ce chiffre devant le président, le jugeant politiquement explosif et infondé. Finalement, un compromis fut trouvé à 780 milliards de dollars. Un chiffre qui permettrait, selon les travaux des experts de la Maison-Blanche, de ramener le taux de chômage à 7 % à la fin de 2010. Pour les libéraux, ce montant était insuffisant pour relancer la machine et recréer rapidement des emplois. Larry Summers ignorera leurs critiques. Christina Romer, qui partira après les *mid-terms*, reconnaît aujourd'hui à demi-mot son erreur d'appréciation… qu'elle partage avec les autres conseillers de la Maison-Blanche et le président. Tous avaient sous-estimé l'ampleur d'une crise qui ne ressemblait en rien à celles que l'économie américaine traversait périodiquement. Larry Summers s'était mis à dos la gauche des démocrates, mais aussi Tim Geithner. Sans doute jugeait-il que son ancien adjoint avait pris trop d'importance.

Avec Paul Volcker, l'affrontement était encore plus fort. Il ne va pas ménager ses efforts pour édulcorer la version finale de la loi de réforme financière. Enfin, Larry Summers aurait été déçu que Barack Obama renomme Ben Bernanke à la tête de la Fed, alors qu'il estimait que le poste aurait dû lui revenir.

Un autre poids lourd du cabinet, Peter Orszag, directeur du Budget, quitte également le navire. Officiellement, parce qu'il était en désaccord avec certains de ses collègues à propos du déficit budgétaire. Il souhaitait s'y attaquer le plus vite possible, alors qu'à la Maison-Blanche on voulait attendre le budget suivant. Paul Volcker s'en va lui aussi. Rahm Emanuel négocie son atterrissage à Chicago. En l'espace de trois mois, c'est pratiquement tout le cabinet économique du président qui disparaît. À l'exception de Tim Geithner, le secrétaire au Trésor, plus que jamais à la manœuvre, et qui va jouer un rôle clé dans le recrutement d'une nouvelle équipe, beaucoup plus favorable aux intérêts des grandes entreprises et de Wall Street.

Une rafale de nominations est annoncée dans les derniers jours de 2010 et les premiers de 2011. Austan Goolsbee remplace Christina Romer. Jack Lew prend la tête du département du Budget. Quant à Gene Sperling, il remplace Lawrence Summers à la tête du Conseil économique du président. L'homme est bien connu des milieux d'affaires, avec lesquels il est... en affaires. Il a ainsi perçu, en 2008, 900 000 dollars de Goldman Sachs pour ses prestations auprès d'investisseurs. Il est aussi bien connu et apprécié... de la Chine. Il fut le négociateur de l'accord d'adhésion de Pékin à l'OMC, en tant que premier adjoint de Lawrence Summers, lors du second mandat de Bill Clinton. Depuis deux ans, il rongeait son frein comme conseiller de Tim Geithner. En le plaçant à la tête du Conseil économique, ce dernier consolide son influence. Encore plus symbolique est la nomination de William Daley à la place de Rahm Emanuel. Le *Chicago's boy* vient de J.P. Morgan Chase, où il supervisait notamment les activités de lobbying dirigées par un autre ancien de l'équipe Clinton. Un choix «*très, très fort*», commentera Thomas Donohue, président de la Chambre de commerce. Quelques jours plus tard, un autre choix «très, très fort» va être fait par Barack Obama. Il nomme Jeffrey Immelt à la tête du Conseil des conseillers économiques, rebaptisé Conseil présidentiel pour l'emploi et la compétitivité. Jeffrey Immelt n'est pas n'importe qui. Il préside, depuis dix ans, General Electric, un des géants du *big business*. Il y a succédé au légendaire Jack Welch, dont le règne dura vingt ans. La gestion de Jeffrey Immelt n'était pas exempte de critiques. Il poussa GE vers la finance, la filiale GE Capital prenant une place grandissante au sein de l'empire. Avec un magnifique plongeon et des pertes tout aussi spectaculaires lorsque la crise éclata. Jeffrey Immelt va cumuler les deux fonctions: responsable de GE et responsable du Conseil pour l'emploi et la compétitivité. «*Le président et moi sommes tombés d'accord pour engager un dialogue plein et entier entre le monde des affaires, les syndicats et le gouvernement, afin que les États-Unis aient l'économie la plus innovatrice et la plus compétitive du monde.*» Le lobby bancaire avec Bill Daley et celui de la Chambre de commerce avec Jeffrey Immelt ont réussi à placer deux de leurs hommes au cœur de la Maison-Blanche et de l'exécutif. Avec Tim Geithner au Trésor, ils contrôlent plus que jamais le système.

Nul doute que le président de General Electric pourra donner de bons conseils au président des États-Unis en matière de fiscalité des entreprises. Lorsque Barack Obama était sénateur, il s'était fait remarquer en déposant une loi, en février 2007, dont l'intitulé annonce la couleur – « Stop Tax Haven Abuse Act » –, destinée à enrayer les évasions fiscales vers les centres offshore. Pendant la campagne, il s'était étonné à plusieurs reprises que le taux d'imposition moyen des grandes entreprises ne dépasse pas 8 %, alors que l'impôt sur les sociétés aux États-Unis est de 35 %. L'un des champions américains de l'évasion fiscale – pardon, de l'optimisation fiscale – est précisément General Electric. C'est ce que révélera le *New York Times*[62] quelques semaines plus tard. Dans une enquête très fouillée, le quotidien démontre que GE qui a déclaré un bénéfice mondial de 14,2 milliards de dollars en 2010, dont 5,1 milliards pour ses opérations réalisées sur le sol américain, n'a pas payé un sou d'impôt, grâce notamment aux reports des pertes de GE Capital[63]. Mieux, la firme a accumulé un crédit d'impôt de 3,2 milliards. Et le *New York Times* d'expliquer que cette performance est due à une stratégie très efficace qui combine un intense lobbying

62. *New York Times*, 26-27 mars 2011.
63. General Electric, groupe industriel, n'était pas éligible au programme TARP [Troubled Asset Relief Program] de sauvetage des banques. Prétextant qu'elle détenait deux petites banques en Utah, ses lobbyistes et Jeffrey Immelt ont finalement obtenu que GE Capital ait 80 milliards de dollars de prêts garantis par la FDIC, soit un quart de son encours de dettes. Une source de financement qui a évité une trop forte dégradation de son *rating* et qui a coûté bien moins cher que si GE avait dû trouver l'argent sur le marché *(lire un excellent article de Jeff Gerth et Brady Denis, 29 juin 2009, yidwithlid.blogspot.com)*.

– 200 millions de dollars sur dix ans – pour obtenir des exonérations fiscales dans ses secteurs d'activité et une remarquable capacité à concentrer ses bénéfices dans les places offshore. Le responsable de son département, un ancien spécialiste du Trésor, est considéré comme le meilleur fiscaliste mondial. Il a sous ses ordres neuf cent soixante-quinze employés. Tous n'ont qu'un objectif : faire en sorte que l'entreprise paie le minimum d'impôt et récupère le maximum de subventions. Mission accomplie.

À la fin des années 1990, à l'époque de Jack Welch, General Electric réalisait aux États-Unis 73 % de son chiffre d'affaires et de ses bénéfices. Les deux chiffres étaient identiques. Entre 2007 et 2010, son chiffre d'affaires américain était encore de 46 %, mais ses bénéfices n'y représentaient plus que 18 %. C'est là le résultat d'une localisation habile de ses profits dans les pays à faible fiscalité. En matière d'optimisation fiscale, General Electric apparaît donc comme l'entreprise la plus performante parmi les multinationales. C'est peut-être pour cela que le lobby l'a placée à la Maison-Blanche : pour que Barack Obama boive le calice jusqu'à la lie. Quelques jours après cette nomination, le président se rend dans l'antre du diable, à l'American Chamber of Commerce. Devant le *big business*, il promet d'agir pour « *éliminer les réglementations inutiles et simplifier la fiscalité* ». Bref, il va à Canossa. En bon avocat, il plaide pour une meilleure compréhension entre la Maison-Blanche et la Chambre de commerce, et promet aux entreprises de les aider. Il leur demande, en contrepartie, de prendre leurs responsabilités pour « *favoriser la reprise économique* ». La messe est dite. Les lobbies ont gagné. Ils vont, quelques mois plus tard, prendre le Président au mot. Pour «*favoriser la reprise, il nous faut une amnistie fiscale sur les profits réalisés... à l'étranger*». Baptisée Tax Holiday, cette disposition reviendrait à ne taxer qu'à 5,5 % les bénéfices rapatriés, alors que l'impôt sur les sociétés est, outre-Atlantique, on l'a vu, de 35 %. Et le lobby d'expliquer que cela permettrait de faire rentrer des dizaines de milliards de dollars dans les caisses de l'État. En outre, l'argent ainsi rapatrié – on évoque les mille milliards de dollars – pourrait créer 15 000 emplois par milliard réinvesti. On voit bien la carotte ainsi agitée devant Barack Obama, les parlementaires et l'opinion. Sans doute, les lobbyistes misent-ils sur l'absence de mémoire des uns et des autres. Car une telle disposition a déjà été appliquée par George W. Bush et le Congrès. C'était la même Taxe Holiday. Le Congrès y avait mis une condition : que l'argent soit effectivement réinvesti et non redistribué aux actionnaires. Le résultat est accablant.

Selon une récente étude du Bureau national de la recherche économique, huit cents entreprises ont rapatrié, en 2005, 312 milliards de dollars aux États-Unis. Une bonne partie de ces profits provenaient d'opérations complexes de délocalisation et d'optimisation fiscale dans les pays à faible taux d'imposition. L'étude conclut que ce programme n'a en rien augmenté l'investissement, l'emploi ou la recherche aux États-Unis. Bien au contraire, la plupart des grandes multinationales ont parallèlement licencié, fermé des usines et transféré encore plus de leurs bénéfices à l'étranger, dans la perspective d'une... prochaine Tax Holiday. Quant à l'argent rapatrié, une fois payés les 5,5 %, il a été redistribué à hauteur de 92 % aux actionnaires, sous forme de dividendes ou de rachat d'actions. Et le rapport de citer de nombreux exemples, tous plus scandaleux les uns que les autres. Barack Obama, qui a lu ce rapport, hésiterait à faire ce nouveau cadeau à fonds perdus !

C'est dans ce nouveau climat politique qu'est publié, fin janvier 2011, le rapport sur la crise financière de la commission d'enquête, désignée par le Congrès américain, au printemps 2009, à la demande de la Maison-Blanche. Un rapport accablant, qui n'exempte aucun des acteurs de «*la pire crise de l'histoire financière américaine*». «*Cette crise était évitable*, lit-on dans ce rapport. *Elle fut le résultat d'actions et d'inactions humaines, et non de mère nature ou de modèles informatisés devenus fous.*» Le rapport accable la Fed. À commencer par Timothy Geithner qui présidait la Réserve fédérale de New York. Et, bien sûr, Alan Greenspan. Wall Street est longuement épinglé, notamment Goldman Sachs, accusée de s'être débarrassée, de mai 2007 à novembre 2008, de *subprimes* qu'elle continuait de vendre à ses clients. Pour la majorité de la commission[64], cette crise fut la résultante d'une «*combinaison d'emprunts excessifs, d'investissements risqués et d'opacité*» d'un système qui bénéficiait de la bienveillance des pouvoirs publics. Pour Byron Georgiou, un des membres de la commission, «*le système n'est pas vraiment différent aujourd'hui, la concentration des actifs bancaires est même supérieure à celle qu'elle était avant la crise*». Il ne fait

64. La commission d'enquête comptait dix membres (chefs d'entreprise, universitaires, politiques). Six nommés par les démocrates et quatre par les républicains. Deux personnalités de cette dernière sensibilité ne se sont pas associées aux conclusions de la commission.

en cela qu'énoncer une évidence... que personne à la Maison-Blanche, à la Fed, et bien sûr à Wall Street, ne veut reconnaître.

Le rapport de la FCIC arrive trop tard. Bien trop tard. Publié un an plus tôt, il aurait apporté de l'eau au moulin de Barack Obama, dans son offensive contre la finance, et quelque peu modifié le rapport de force. Fin janvier 2011, au moment même où le président effectue son virage à cent quatre-vingts degrés, ce rapport n'est plus qu'un exercice intellectuel, «*voué à l'oubli*» (comme l'écriront cruellement des chroniqueurs de l'agence Reuters) et «*condamné à être relégué sur de lointains rayonnages*». Car, au printemps 2011, tout est reparti comme avant. La crise, pour Wall Street, n'est plus qu'un épiphénomène. Les révélations sur les turpitudes des établissements financiers ont beau fleurir, Wall Street n'en a cure. Ici ou là, on désintéresse d'éventuels plaignants, en lâchant quelques dizaines de millions de dollars. Goldman Sachs, de son côté, accepte de payer une amende de 550 millions de dollars, pour qu'une procédure engagée par la SEC (le «gendarme de la Bourse» américain) soit abandonnée. Fort opportunément, une affaire de délit d'initiés va mobiliser l'attention de la police et des médias. Tout comme Bernard Madoff avait focalisé l'ire du bon peuple contre la finance. Cette fois, ce sont des fonds d'investissement, dont l'un a à sa tête un Indien, et un réseau d'experts, installé notamment dans la Silicon Valley. Ces experts auraient alimenté les fonds en informations confidentielles sur les compagnies auxquelles ils étaient attachés en tant que consultants. Ce genre d'affaires présente un énorme avantage. C'est l'arbre qui cache la forêt. On focalise sur les seconds couteaux, avec souvent des Américains de fraîche date, pour mieux exonérer les caïds de Wall Street.

Le troisième mercredi de chaque mois, les neuf représentants d'un club très sélect et très discret se rencontrent en secret dans le cœur de Manhattan. Autour de la table, les dirigeants de Goldman Sachs, J.P. Morgan Chase, Morgan Stanley, Bank of America, Citi Group, Barclays, UBS, Crédit suisse et Deutsche Bank. Ce club, que d'aucuns qualifieraient de cartel, a un objectif commun : protéger les intérêts de ses membres sur le marché des produits dérivés. Un marché qui a explosé depuis une dizaine d'années et représente entre 600 000 et 700 000 milliards de dollars chaque année. L'objectif du club est de protéger ce marché des tentatives de régulation extérieure, et de faire en sorte que des acteurs concurrents ne prennent pas une part de marché trop significative. Ce club privilégie certains prestataires. La Commission européenne s'est notamment penchée sur les accords que les neuf banques ont conclus avec ICE Clear Europe, la principale chambre de compensation sur le marché des CDS (contrats de protection financière). Selon Bruxelles, ces accords « *contiennent certaines dispositions (tarifications préférentielles, participation aux bénéfices) qui pourraient inciter les banques à faire appel uniquement à ICE* »[65].

Ces accusations d'entente, d'abus de position dominante, ne vont pas empêcher Tim Geithner de

65. Bruxelles a également lancé une enquête visant seize autres établissements bancaires qu'elle soupçonne d'entente avec la société britannique Markit, principal fournisseur d'informations financières sur le marché des *Credit default swaps* (*Les Échos*, 2 mai 2011).

faire un geste supplémentaire en faveur du club des neuf. Fin avril, le département du Trésor des États-Unis décide d'exempter les swaps de change et les contrats à terme de change de la nouvelle réglementation sur les dérivés découlant de la loi Dodd-Frank. Deux segments du marché des produits dérivés qui pèsent 25000 milliards de dollars. Argument avancé par le département du Trésor pour exempter ces produits de la nouvelle réglementation : « *Ils ne sont pas aussi risqués que les dérivés des autres marchés.* » Argument qui fait sourire le monde de la finance. Ben Bernanke a, de son côté, quelques mois auparavant, pris une décision qui a enchanté les financiers : la Fed va accorder de nouvelles libéralités aux marchés. C'est le Quantitative Easing II, d'un montant de 600 milliards de dollars d'ici à la fin juin 2011. En fait, c'est la planche à billets. La Fed crée de la monnaie pour l'injecter dans l'économie à travers le système bancaire. Wall Street applaudit, car les analystes se sont aperçus, en revoyant leurs graphiques, qu'il y avait une corrélation extraordinaire entre les mouvements sur le dollar et ceux sur le Dow Jones. Quand le dollar monte, les actions baissent. Quand le dollar baisse, les actions montent. Pour une simple et bonne raison : quand on émet du papier monnaie, on fait baisser la valeur du dollar, et la masse monétaire ainsi créée s'investit là où on peut gagner le maximum d'argent dans le minimum de temps… c'est-à-dire sur les marchés, et de préférence sur les marchés spéculatifs. Les largesses de la Fed n'alimentent donc pas l'économie réelle, mais, une fois de plus, favorisent les spéculateurs. Une Fed pleine d'attention pour ces derniers, puisqu'elle va autoriser les grandes banques à augmenter leurs dividendes et à reprendre leurs programmes de rachat d'actions. Et ce, bien que les grands établissements financiers doivent encore 120 milliards de dollars au gouvernement. Les encours des *hedge funds*, de leur côté, battent leurs records historiques.

Le G20 peut bien s'agiter et promettre de réfléchir à des mesures pour mieux réguler la finance mondiale, réformer le système monétaire, brider la spéculation… la réalité, elle, est tout autre. Jamais, les marchés n'ont été aussi peu transparents. Jamais, les régulateurs n'ont été aussi désarmés face aux moyens et aux technologies des spéculateurs. Le patron de NYSE Euronext, Dominique Cerutti, faisait sobrement un constat effrayant, lors du centenaire du quotidien *L'Agefi*, en mai 2011 : « *Le marché des produits dérivés atteint 650 000 milliards de dollars, soit dix fois le PIB mondial. Il est à 90 % opaque.* » C'est-à-dire que les transactions se font de gré à gré entre les grands acteurs, sans que l'on sache comment cela se passe. Le marché des changes (4 000 milliards de dollars par jour) est à 100 % opaque. Le marché obligataire l'est à 95 %. Quant au marché des actions, où s'échangent 400 milliards chaque jour, il est confronté désormais à la concurrence des plates-formes où les grands établissements traitent de gré à gré. La Bourse d'hier, qui avait certes bien des défauts, mais où, en principe, les petits étaient traités de la même façon que les gros, où les transactions pouvaient être auditées, taxées, disparaît peu à peu au profit de ces plates-formes, où l'opacité devient la règle. Elles concentrent déjà 60 % des transactions sur les actions.

« *Ces années de financiarisation,* écrit Alain Cotta, *n'auront pas seulement vu l'information se substituer à l'énergie, la sphère financière se déconnecter de la sphère réelle, ni vu naître l'oligarchie dirigeante de la société hégémonique de la planète. Elles auront été le témoin de la mondialisation de cette R-innovation à partir de ses lieux de naissance, New York et Chicago. L'accaparement par cette oligarchie des profits et des rentes de la finance nouvelle en fait une ploutocratie*[66]. »

66. Alain Cotta *Le Règne des oligarchies*, Plon, 2011.

TROISIÈME PARTIE

The rich and the rest

CHAPITRE XI

L'émergence d'une globocratie

« The rich and the rest. » Avec cet art de la concision qui caractérise la langue anglaise, le très influent et très conservateur hebdomadaire britannique *The Economist* titrait ainsi, en janvier 2011, un numéro spécial consacré aux élites globalisées. À ces riches de plus en plus nombreux et de plus en plus fortunés. Car le pacte tacite entre le Parti communiste chinois, les multinationales et Wall Street a fonctionné pour le plus grand profit de ses membres.

La Chine s'est considérablement enrichie. Elle a fait émerger, en trente ans, une classe moyenne de trois cents millions de personnes, dont le niveau de vie se rapproche des standards occidentaux. Certes, le pouvoir d'achat de cette nouvelle classe moyenne doit beaucoup à la politique de l'enfant unique et au travail des femmes. Avec deux salaires pour trois bouches à nourrir, on est plus à l'aise qu'avec un seul salaire pour quatre personnes ou plus. Les inégalités en Chine n'ont pas disparu. Au contraire. La croissance de la classe moyenne s'est faite, bien sûr, grâce au boom des exportations, mais aussi grâce à l'exploitation des deux cents millions de mingong et à un chômage rural très important qui pèse d'autant sur les salaires réels. Le système du permis à résidence, baptisé hukou, interdit, en principe, de travailler ailleurs que dans sa ville ou son village. Mais l'émigration sauvage existe à l'intérieur de la Chine. Pour survivre, eux et leur famille, les mingong vendent leur force de travail aux usines de la côte ou des grandes villes, mais ils n'ont droit à aucun des avantages sociaux existants. Pas d'école, pas d'appartement, pas de protection sociale. Un modèle d'exploitation de l'homme par l'homme qui n'est pas pour rien dans la compétitivité des produits *made in China* et l'enrichissement des classes moyennes chinoises. Le plus spectaculaire est sans doute l'émergence d'une caste de millionnaires, et même de milliardaires. On compterait, selon Forbes, quelque cent quinze milliardaires en Chine[67] et huit cent mille millionnaires en dollars. À l'autre bout de l'échelle, quatre cents millions de personnes vivent avec moins de 2 dollars par jour.

Désormais, les riches ont leur classement annuel. Voilà plusieurs années que Capgemini, associé à Merrill Lynch, recense les millionnaires en dollars (pour les seuls actifs financiers). Ils seraient près de onze millions à travers le monde. De son côté, le Crédit suisse a recensé les millionnaires en dollars, tous actifs confondus (immobiliers, œuvres d'art, etc.). En 2010, ils étaient, selon ces critères, 24,2 millions, soit 0,5 % de la population adulte mondiale. Ils contrôlent plus du tiers des actifs financiers mondiaux. Quelque 1 % de la population mondiale possède 43 % de la

67. L'étude de Forbes, en association avec Société générale Private Banking, porte sur mille deux cents grandes fortunes de douze pays ou régions.

richesse, les 10 % les plus riches en détenant 83 %. Les 50 % des moins fortunés ne détiennent, à eux tous, que 2 % des actifs. Un signe ne trompe pas : jamais la gestion de fortune ne s'est aussi bien portée. Une activité que les banques réservent à leur clientèle la plus fortunée. Si vous n'avez que quelques millions d'euros, passez votre chemin. En revanche, si vous avez quelques dizaines de millions d'actifs financiers, vous serez l'objet de toutes les attentions. En 2010, la richesse privée sous gestion était ainsi estimée, selon le Boston Consulting Group, à 121 800 milliards de dollars, en hausse de 8 % sur un an et de 20 000 milliards depuis le début de la crise financière. Les États-Unis restent, de loin, les plus dotés en super riches. On y comptait, en 2010, deux mille six cent quatre-vingt-douze foyers détenant plus de 100 millions de dollars d'actifs sous gestion. Ils sont suivis par l'Allemagne avec huit cent trente-neuf foyers, l'Arabie Saoudite (huit cent vingt-six), le Royaume-Uni (sept cent trente-huit), et la Russie (cinq cent soixante et un foyers). La Chine connaît la plus forte progression dans ce segment de super riches, trois cent quatre-vingt-treize foyers détenant plus de 100 millions de dollars d'actifs sous gestion. C'est plus que la France (trois cent soixante-dix-sept foyers). Singapour détient un record du monde : 25,5 % des ménages ont des actifs financiers supérieurs à 1 million de dollars.

Ces classements réalisés par les acteurs du capitalisme financier ont leurs limites, mais ils répondent aussi à un objectif : donner à penser que la globalisation a permis à tout un chacun de s'enrichir. « *Encore un peu de patience et vous pourrez, vous aussi, entrer dans le club des millionnaires en dollars.* » La réalité est bien différente. Les riches masquent les hyper riches. Bien des supposés riches ont souffert de la crise. Leurs actifs immobiliers, notamment aux États-Unis, sont en chute libre. Beaucoup d'entre eux sont, en outre, de faux riches endettés qui n'ont qu'une hantise : tomber à leur tour dans la trappe à pauvreté. Certes, avec la crise de 2008, quelques milliardaires, quelques flambeurs ont fait faillite. Mais, globalement, les hyper riches ont accru leur fortune et leur pouvoir, dans les pays émergents, comme en Occident. Ce mouvement s'est amorcé dans les années 1980, avec l'arrivée au pouvoir des tenants du néolibéralisme aux États-Unis et en Grande-Bretagne. Il s'accélère dans la décennie quatre-vingt-dix après l'effondrement de l'URSS et du communisme, et le début des délocalisations. Il se transforme en vague de fond après l'an 2000, avec l'entrée de la Chine dans l'OMC, les bulles financières et immobilières en Occident, et les politiques fiscales très favorables aux détenteurs de richesse. D'innombrables dispositions prises sous l'influence des lobbies vont permettre aux multinationales et aux grandes fortunes de payer un minimum d'impôts. Un exemple parmi cent : celui du *carried interest*. Les revenus des dirigeants des entreprises financières sont taxés à 20 %, comme une plus-value à long terme, et non comme un salaire ou un bénéfice. Gain : 15 %. C'est ainsi que John Paulson, le patron du *hedge fund* qui porte son nom, a gagné 4,9 millions de dollars en 2010, sur lesquels il ne paiera que 20 % d'impôt. Entre 1980 et 2005, plus de 80 % de l'augmentation des revenus des Américains ont été captés par 1 % de la population. Ce qui fait dire au *New York Times* que jamais « *le fossé entre les super riches et les autres n'a été aussi grand depuis la dépression des années trente* ». Pour Robert Reich, ancien ministre du Travail de Bill Clinton, deux hommes, Bill Gates et Warren Buffet, ont accumulé, en une génération, une fortune (90 milliards à eux deux) qui correspond à ce que détiennent les cent vingt millions d'Américains les plus pauvres, soit 40 % de la population. Les quinze mille familles les plus riches des États-Unis percevaient, en 1974, 1 % du revenu national. En 2007, c'était 6 %. Une autre étude, menée cette fois par un chercheur de Berkeley, Emmanuel Saez, montre que 1 % des ménages les plus riches ont capté les deux tiers de la croissance totale des revenus entre 2002 et 2007. Dans cette même étude, l'auteur analyse l'évolution des fortunes des Américains. En 1916, ce même segment des ménages percevait seulement 20 % de ses revenus sous forme de salaires. En 2004, les revenus du travail représentaient 60 %. Les hyper riches d'aujourd'hui ne sont plus seulement, comme hier, des héritiers. En dehors des fortunes provenant de l'exploitation des matières premières, ou du mélange des caisses entre un État et ses dirigeants, ce sont le plus souvent des entrepreneurs qui ont fait des fortunes rapides, ou des salariés qui ont surfé sur la vague de la globalisation.

Le tiercé gagnant est un mélange de salaire, de bonus et de plus-values. Les plus malins cumulant les trois. Avec, bien sûr, une optimisation fiscale maximale. Les stock-options, ce mode de rémunération qui s'est peu à peu imposé dans les multinationales, sous l'influence des Anglo-Saxons, est à la base de la plupart des fortunes rapides. Certes, là aussi, il y a l'arbre qui cache la forêt. On vante les réussites de Bill Gates, des jeunes prodiges du Net ou des télécoms. Mais la plupart des hyper riches n'ont pas créé leur entreprise. Ils ont dirigé des entreprises créées autrefois par d'autres : ce qui n'est pas la même chose. Grâce à l'invention diabolique des stock-options, ils ont fait fortune en une demi-génération. Certes, tous n'ont pas le salaire du patron de Liberty Media, un câblo-opérateur américain, qui a gagné, en 2010, 87 millions de dollars. Le salaire annuel moyen des PDG des quatre cent cinquante-six plus grosses entreprises américaines cotées en Bourse était, en 2010, de 7,2 millions de dollars[68]. Celui des dirigeants des deux cents premières entreprises américaines a atteint, lui, 10,8 millions de dollars (+ 23 % sur 2009). Des revenus en hausse, grâce aux performances des entreprises américaines. En 2010, les bénéfices des sociétés du Standard and Poor's 500 se sont élevés à 800 milliards de dollars. Autant qu'en 2007. Et, pour 2011, ils devraient dépasser les 900 milliards. Un record historique ! La crise, pour elles, est bien finie. La tendance est la même partout. En France, les bénéfices du Cac 40 ont atteint 82 milliards d'euros, en hausse de plus de 50 %. Et les dividendes suivent, comme les salaires des dirigeants. La moyenne des rémunérations fixes et variables des patrons du Cac 40 a été de 2,46 millions d'euros en 2010. La palme revient à Franck Riboud (4,4 millions), suivi de Bernard Arnault (3,9 millions)[69].

Pour les banques, la frugalité n'est plus de mise, si tant est qu'elle l'ait jamais été. Aux États-Unis, elles ont tourné la nouvelle législation, en diminuant les bonus en *cash*, mais en augmentant la part

68. Établi par le consultant Hay Group.
69. Michel Rollier, gérant de Michelin, a perçu 4,5 millions de rémunération exceptionnelle pour tenir compte des performances du groupe. Il n'a aucun salaire fixe.

des salaires fixes. L'enveloppe des rémunérations et bonus des cinq premières banques américaines a atteint 119 milliards de dollars en 2010. En France, la moyenne des salaires des PDG du secteur financier n'atteint pas les mêmes niveaux qu'à Wall Street, mais les chiffres n'ont rien à voir avec ce qu'ils étaient il y a vingt ans. Pour schématiser, on peut dire qu'on est passé des francs aux euros. Le record appartient à Frédéric Ouvéa, le PDG de la Société Générale, qui a gagné, en 2010, 4,35 millions d'euros.

Le plus sûr moyen de faire fortune dans ce capitalisme de la plus-value, c'est encore de spéculer sur les marchés, de faire du *trading* sur une grande échelle. L'histoire d'Ivan Glasenberg est, à cet égard, exemplaire. Ce ressortissant suisse, d'origine sud-africaine, ancien expert-comptable, est devenu, à cinquante-quatre ans, un des hommes les plus riches du monde. Il préside Glencore, le premier négociant mondial de matières premières, dont il possède 15%. C'est Marc Rich, le plus grand trader pétrolier de tous les temps, au passé sulfureux, grand ami de Bill Clinton, qui lui mit le pied à l'étrier il y a un quart de siècle. Il recrute Ivan Glasenberg comme trader en charbon dans l'Afrique du Sud. Son job : déjouer les sanctions internationales qui frappent le pays de l'apartheid. Il réussira si bien qu'il sera choisi par les associés de Marc Rich pour remplacer ce dernier. Glencore agit dans la discrétion, tout comme son patron, qui fuit médias et projecteurs. Aussi dur avec son personnel qu'il est exigeant avec lui-même, Ivan Glasenberg est un pur produit de notre temps. Sans foi ni loi. Ce qui lui vaudra d'être traité de «voyou» par Roselyne Bachelot en 2003 : Glencore, propriétaire de Metaleurop, avait fermé brusquement l'usine de retraitement des métaux de Noyelles-Godault, dans le Pas-de-Calais, sans nettoyer le site le plus pollué d'Europe.

Glencore, de par ses positions, fait la pluie et le beau temps sur certains marchés de matières premières. Marc Roche raconte[70] que la firme, premier négociant de grains russes, a parié «*dans le plus grand secret, sur une hausse du prix du blé au début de l'été 2010. Parallèlement, les émissaires de Glasenberg ont persuadé Moscou d'imposer un embargo sur les exportations pour combattre l'effet de la grave sécheresse qui sévissait en Russie et en Ukraine. Résultat, une envolée des cours mondiaux de 15 % en deux jours qui a fait monter le prix du pain partout dans le monde*». Avec les conséquences géopolitiques que l'on sait. La révolution de jasmin en Tunisie et les mouvements dans les pays arabes ont été, au départ, provoqués par une envolée des prix des produits de base, notamment de la semoule. Désormais, Glencore est cotée en Bourse, à Londres et à Hong Kong. L'entreprise pèse 70 milliards de dollars, et le petit expert-comptable sud-africain aura gagné 10 milliards en un quart de siècle.

70. *Le Monde*, 25 mai 2011.

CHAPITRE XII

La paupérisation des classes moyennes

Que des entrepreneurs fassent fortune, quoi de plus normal, dira-t-on. Certes. Encore faut-il que ces enrichissements ne se fassent pas au détriment du plus grand nombre. Or, comme lors de la première globalisation, force est de constater que c'est bien le cas. Les hyper riches, les *working rich* prospèrent au même rythme que les inégalités. Branko Milanovic, un économiste de la Banque mondiale, qui a publié, fin 2010, une étude sur les inégalités de revenus, explique que les *think tanks*, les fondations, les instituts de recherche, rechignent à financer des études centrées sur les inégalités de revenus et de richesse. Les riches, les multinationales, qui financent, en franchise d'impôt, les think tanks, ont beaucoup de compassion pour les pauvres. Ils oeuvrent dans le *charity business* aux quatre coins du monde, dans la lutte contre l'illettrisme, contre la faim. Ils sont toujours prêts à financer des recherches sur la pauvreté dans le quart monde. Quant à apporter leur contribution pour des études qui risqueraient de démontrer combien le système dont ils profitent accroît, depuis vingt-cinq ans, les inégalités à l'intérieur même des pays développés… il n'en est pas question. Or c'est pourtant là que le bât blesse. Si la globalisation profite à la globocratie, elle se traduit également, à l'autre bout de l'échelle, par la paupérisation des classes moyennes.

Aux États-Unis, les 20 % de la population qui gagnent le moins percevaient l'équivalent de 5,4 % du revenu national en 1967. En 2009, le pourcentage est tombé à 3,4 %. À l'inverse, la part des 20 % les plus riches est passée de 41,5 % à 49,4 %. Le coefficient Gini – qui mesure l'inégalité des revenus (de 0 à 1, 0 étant l'égalité parfaite et 1 l'inégalité totale) – a continué à grimper entre 2008 et 2009, passant de 0,451 à 0,458. Selon le CIA World Factbook, ce chiffre place les États-Unis devant la Russie et la Turquie en termes d'inégalités, et au même niveau que le Mexique et les Philippines. La tendance est la même partout en Occident. En France, le revenu annuel médian des ménages est passé de 17 400 euros en 2004 à 18 300 en 2008 (+ 5,2 %). Au sommet de l'échelle, le revenu des 0,01 % les plus riches est passé de 551 900 à 732 000 euros (+ 32,7 %). Sans commentaire.

Arianna Huffington, qui a fait fortune avec un site internet, le Huffington Post, n'a pas de mots assez durs, dans son ouvrage *L'Amérique qui tombe*, pour décrire ce qu'elle appelle le viol de la classe moyenne : « *C'était le pays du possible si vous travailliez dur. Vous pouviez décrocher une bonne éducation, suivre vos rêves et réussir, et vos enfants faisaient encore mieux que vous. C'est fini. Il y a 100 millions d'Américains qui vivent moins bien que leurs parents au même âge. Nous sommes passés derrière l'Europe. Derrière la France ! Incroyable…* » Démocrates, républicains, elle n'est pas tendre : « *Quand il y a eu ce sentiment d'urgence, ils ont sauvé Wall Street; mais quand il s'est agi de la classe moyenne, on ne nous a jamais dit: "La classe moyenne est pilonnée, 25 millions de personnes sont au chômage ou sous-employées, il faut faire quelque chose."*[71]» Faire quelque chose obligerait à une autocritique des élites des pays occidentaux, et à une remise en cause de leurs privilèges, notamment fiscaux. On n'en prend pas le chemin. La crise est donc oubliée pour les hyper riches, les milliardaires des pays du tiers-monde et leurs nouvelles classes moyennes. En revanche, elle frappe chaque jour un peu plus les populations du Vieux Continent.

Les effets de cette paupérisation se font sentir à trois niveaux. D'abord, avec un chômage de masse qui devient structurel: on compte cinquante millions de chômeurs dans les trente-sept pays de l'OCDE. Un chiffre qui ne tient pas compte des emplois à temps partiel et des petits boulots occasionnels qui permettent à peine de survivre. À cela s'ajoute un autre phénomène de masse, qui devient, lui aussi, structurel: le chômage des jeunes. Aux États-Unis, il touche 24% des moins de vingt-quatre ans. Et lorsqu'ils trouvent un emploi, ils gagnent en moyenne 20% de moins que ce que leurs aînés percevaient il y a vingt ans, pour un job équivalent[72]. L'Espagne a, de son côté, le record du monde du chômage des jeunes: 42,8% pour les quinze-vingt-quatre ans. En Grèce, 37% des jeunes sont chômeurs; ils sont 30% en Italie, 24% en France, 20% au Royaume-Uni, 23% au Portugal. Un phénomène qui sape peu à peu les bases de nos sociétés. Les jeunes, souvent peu ou mal

71. *Le Nouvel Observateur*, 28 avril-4 mai 2011.
72. *Time*, 20 juin 2011.

qualifiés, consomment peu, ne paient pas d'impôt, ne versent que très peu de cotisations sociales. Ils ne sont que des acteurs économiques au rabais. Avec toutes les conséquences sociales et politiques que cela implique. Il n'est jamais bon pour une société de se couper de sa jeunesse, de lui donner le sentiment qu'elle « n'a pas d'avenir ». En tout cas, plus dans son pays d'origine.

La paupérisation, c'est aussi d'avoir des services collectifs de moins en moins performants. Aux États-Unis, en Europe, les villes, les régions sabrent dans leurs budgets. On est passé d'un excès de dépenses, souvent inutiles, superflues, à un sous-investissement chronique qui ramène nos sociétés un demi-siècle en arrière. Aux États-Unis, l'exemple de Camden n'est plus un cas isolé. Cette petite ville du New Jersey (soixante-dix-neuf mille habitants), considérée comme la deuxième ville la plus dangereuse du pays, a licencié la moitié de ses policiers et soixante-sept pompiers. Le maire, confronté à un déficit budgétaire, exigeait du personnel une réduction de salaire de 40 %. Face au refus des intéressés qui étaient prêts à consentir un effort moins important, il a pris le risque de livrer un peu plus la ville aux gangs qui faisaient déjà la loi. Un peu partout, sous la pression des républicains, les villes sabrent dans les effectifs de leurs employés municipaux, dans les dépenses sociales, l'éducation. En Europe, le même phénomène est en cours : en Grèce, mais aussi en Espagne, au Portugal et bien sûr en Grande-Bretagne. Pour faire face aux déficits publics et à ceux des régions, on réduit le nombre de fonctionnaires, on baisse leur salaire, on sabre dans les investissements publics. Moyennant quoi, on aggrave la crise, et la reprise dont les experts officiels se gargarisent reste en trompe-l'œil. Si les emplois publics et parapublics ont prospéré, si les services à la personne ont proliféré, souvent financés par des transferts sociaux, c'est tout simplement parce que le secteur privé, celui des grandes entreprises, des multinationales, ne crée plus d'emplois depuis longtemps dans les pays occidentaux. «*Il y a une déconnexion fondamentale entre la richesse des groupes américains qui se portent très bien, et les travailleurs américains dont la plupart travaillent aujourd'hui pour un salaire inférieur à ce qu'il était avant la crise. La réalité est celle-ci: les multinationales gagnent plein d'argent. Mais elles ne le reversent pas aux travailleurs américains.*» Un constat en forme de réquisitoire formulé par *Time*[73] et partagé par Michael Spence, prix Nobel d'économie. Ce dernier a disséqué la création d'emplois par les groupes américains depuis vingt ans. Les résultats sont effrayants. Les groupes impliqués, de quelque façon que ce soit, dans la globalisation (production industrielle, énergie, services financiers, banques...) ne sont pour rien dans la croissance des emplois aux États-Unis en deux décennies. Seules les sociétés opérant essentiellement sur le marché américain et qui ne sont pas confrontées à une concurrence internationale (santé, agences gouvernementales, commerces, tourisme) y ont contribué. Malheureusement, les emplois de ces secteurs sont plus mal payés et moins spécialisés que ceux qui ont été délocalisés. Ce constat peut être fait dans tous les autres pays européens, à l'exception de l'Allemagne. On ne saurait

73. 20 juin 2011.

mieux dire que globalisation rime avec paupérisation dans nos pays.

Autre effet pervers dont on n'a pas encore mesuré toutes les conséquences : non seulement l'Occident perd ses emplois qualifiés et voit ainsi s'évaporer une matière fiscale et sociale (moins de masse salariale entraîne moins de rentrées d'impôts et moins de cotisations sociales), mais c'est maintenant au tour de son capital de se délocaliser. Du moins le capital des hyper riches, car l'épargnant moyen, lui, est « scotché ». Il découvre avec quelque effarement les taux de rendement, les retours sur investissement dont profitent ceux qui ont les portefeuilles les plus garnis : 10 %, 15 %, 20 %. Mais ces placements ne sont pas pour lui. Son assurance-vie, s'il est français, ne lui rapporte désormais qu'entre 3 % et 4 %. À peine plus que l'inflation après fiscalité. En 1999, un best-seller publié aux États-Unis, *Dow 36 000*, prédisait que l'indice Dow Jones atteindrait les 36 000 points dans les prochaines années. À l'époque, on nous expliquait qu'il fallait prendre exemple sur les fonds de pension américains, basculer les systèmes de retraite par répartition vers de la capitalisation pure. Bref, seule la Bourse pouvait permettre aux épargnants non seulement de maintenir, mais de faire prospérer leur capital. Ceux qui émettaient quelques doutes étaient bien sûr taxés de ringardise et accusés de ne rien comprendre à l'évolution du monde : les actions « ne pouvant jamais perdre à long terme ». Le Dow Jones n'a jamais atteint 36 000. Il se traîne autour de 12 000. Sur dix ans, le rendement réel annuel moyen des actions a été de – 2,7 % aux États-Unis, de – 2,5 % en Allemagne, de – 1,8 % en France, de – 1 % au Royaume-Uni et de – 4,8 % au Japon. À Paris, le

Cac 40 est revenu en dessous de son niveau de janvier 1999 (4 147). Le taux des emprunts d'État couvre à peine l'inflation. Aujourd'hui, ce qui menace les classes moyennes, notamment celles dites supérieures qui ont un petit patrimoine financier, c'est bel et bien de voir leur capital fondre rapidement. D'abord, par une fiscalité qui va s'alourdir au fur et à mesure que les hyper riches, eux, se délocaliseront pour échapper à l'impôt. Ensuite, par l'inflation qui pèse plus sur les modes de consommation de ces classes moyennes supérieures. Enfin, parce qu'elles vont devoir compenser la stagnation, voire la diminution des revenus de leurs retraites, par des ponctions sur ce capital.

Certains ménages risquent donc d'être sensibles aux sirènes des gestionnaires de fortune, expliquant qu'il faut investir là où il y a de la croissance, c'est-à-dire sur les marchés émergents. Dans les actions des entreprises qui y sont présentes et, pour les plus audacieux, sur les matières premières, les obligations des pays émergents, voire les titres de sociétés chinoises... Ainsi, les milliards de l'assurance-vie vont de plus en plus vers de la dette des pays émergents ou des entreprises qui offrent de hauts rendements. Moyennant quoi, l'épargne française, européenne, occidentale, se délocalise à son tour. Outre les risques de pertes qu'il peut y avoir sur des marchés totalement opaques, non régulés, soumis au jeu de quelques spéculateurs[74], cette délocalisation du capital qui s'amorce, risque d'être aussi grave que la délocalisation du travail que nous connaissons depuis vingt ans.

74. Vingt-cinq entreprises chinoises cotées aux États-Unis sont d'ores et déjà soupçonnées de pratiques frauduleuses sur leurs comptes.

QUATRIÈME PARTIE

L'Allemagne : petite Chine ou grande Suisse ?

CHAPITRE XIII

Tout pour l'export

Tout comme il y a les riches et les autres, il y a désormais l'Allemagne... et les autres Européens. Tant il est vrai que ce pays figure parmi les grands gagnants de la globalisation. Le modèle allemand fait désormais florès, à telle enseigne qu'on veut l'imiter partout : à Paris comme à Washington. Sans comprendre toujours que les réussites de la Chine et de l'Allemagne tiennent à une alchimie particulière, à une stratégie mercantiliste qui ne peut réussir qu'à une condition : que les autres, les clients, ne fassent pas la même chose.

L'Allemagne et la Chine sont les deux usines du monde. Parfois concurrentes. Le plus souvent complices. « *La Chine est en quelque sorte l'établi du monde, et les Allemands livrent les outils* », selon la belle formule des chercheurs de l'Ifri[75]. De fait, Pékin exerce désormais une sorte de fascination sur Berlin. Il y a quelques mois, l'hebdomadaire *Der Spiegel* consacrait un dossier aux relations entre les deux

75. Cité par Jean-Pierre Robin dans un excellent article sur le rapprochement Berlin-Pékin. *Le Figaro*, 30 août 2010.

pays : «*Au moment où la conjoncture américaine s'affaiblit et où l'Europe s'engage dans des plans de rigueur budgétaire, le choix est simple pour nos multinationales, comme pour les entreprises moyennes : la Chine d'abord.*» Nous voilà prévenus. La stratégie allemande va connaître, connaît déjà une nouvelle inflexion. C'est le *Drang nach Osten* (ruée vers l'Est). Cette fois, ce ne sont plus les panzers, mais les divisions des groupes industriels qui entendent bien conquérir le marché russe et devenir le principal partenaire de la Chine.

Oui, l'Allemagne a une stratégie. Tout comme la Chine. Et elles se ressemblent. Les deux pays ont, chacun à sa manière, une soif de revanche. L'Allemagne a perdu deux guerres. Elle a été, après 1945, mise au ban de l'humanité. Trois générations plus tard, le temps de la repentance est terminé. Et l'Allemagne entend tout naturellement retrouver le rang qui était le sien à l'époque de la première globalisation, au lendemain de Sadowa et de Sedan qui virent la Prusse mettre à genoux l'Autriche et la France. Le goût des Allemands pour la technique, la qualité des produits et l'exportation remontent à cette époque. La Grande-Bretagne y est pour quelque chose. Frédéric Lemaître raconte dans *Le Monde*[76] que «*les industriels britanniques, menacés par les importations allemandes, poussent à l'adoption, en 1887, du Merchandise Marks Act. Désormais, tous les produits allemands vendus en Grande-Bretagne doivent porter le label "made in Germany". Le but est, bien sûr, de détourner le consommateur britannique des produits allemands*

76. 7 décembre 2010.

considérés comme bas de gamme. C'est l'inverse qui va se produire, car l'Allemagne va multiplier les innovations grâce à la formation de nombreux techniciens et ingénieurs. Du coup, elle dépose beaucoup plus de brevets que la Grande-Bretagne et le made in Germany *devient le label des produits de qualité. À telle enseigne que des fabricants britanniques vont falsifier les étiquettes de leurs propres produits pour mieux les vendre sous le label germanique.* »

De là datent la spécificité de l'économie allemande et son modèle mercantiliste : qualité et exportation. En 1910, le commerce extérieur de l'Allemagne atteint l'équivalent de 20 milliards de francs, contre 12 milliards seulement pour la France. En ce temps-là déjà, l'Allemagne du Kaiser avait creusé le fossé. Cette stratégie mercantiliste s'est toujours appuyée sur l'industrie, avec un système bancaire à son service, à travers notamment les banques régionales dont le capital est peu ou prou contrôlé par les Länder, et les dirigeants très liés aux partis politiques.

L'Allemagne, ainsi que la Chine et le Japon, doivent faire face au même phénomène : le vieillissement très rapide de leur population. Avec des taux de fécondité qui ne permettent pas le renouvellement des générations. Avec la perspective de coûts gigantesques pour la grande dépendance[77]. Pour ces

77. L'Allemagne va perdre 50 % des dix-neuf/vingt-quatre ans dans les Länder de l'Est, 30 % en Bavière, Sarre, Rhénanie... D'ici à 2025, l'Allemagne comptera, dans sa pyramide des âges, un quart de jeunes en moins. Selon Hans Starck, secrétaire général du Comité d'études franco-allemandes, ce tsunami social qui attend les Allemands et qu'ils redoutent, explique qu'ils aient développé un comportement malthusien et n'aient pas opté pour un développement dynamique.

trois pays, il s'agit donc d'engranger le maximum de recettes à l'exportation, afin de mettre de côté les sommes nécessaires pour payer demain les retraites, et après-demain la grande dépendance.

Ces stratégies mercantilistes sont assumées, même si elles ne sont pas explicitées. On le voit à travers les politiques familiales : enfant unique en Chine ; absence de facilité pour les mères au travail en Allemagne. Les deux pays figurent parmi ceux qui ont le taux d'épargne le plus élevé au monde. Tous deux ont appuyé leur stratégie mercantiliste en indexant leur monnaie sur celle de leurs principaux clients. La Chine sur le dollar. Et l'Allemagne avec l'euro. Hostiles à l'origine à l'abandon du mark, les Allemands ont fort habilement récupéré la monnaie unique à leur avantage. Avec l'euro, il n'y avait plus de risque de dévaluation compétitive de la part des autres pays européens, à commencer par la France. En dix ans, grâce à l'euro, l'industrie allemande s'est refait une santé sur le marché européen. En y exportant, mais aussi en y prenant les parts de marché, et en éliminant de fait les concurrents potentiels[78].

Pour comprendre l'Allemagne, il est donc essentiel de replacer l'action d'Angela Merkel dans le contexte historique de ce pays. Sa stratégie mercantiliste ne tombe pas du ciel. Sa politique privilégiant l'industrie et les produits de qualité remonte à loin. Elle s'appuie sur une relation particulière, un consensus entre patronat et syndicats. On évoque souvent les économistes de l'École de Fribourg, comme les fondateurs,

---

78. En dix ans, la part de marché de l'Allemagne en Europe atteint 30,9 % (contre 28,4 %), celle de la France revenant à 13,5 % (contre 17,7 %).

au milieu du XXe siècle, de « l'économie sociale de marché ». Ces derniers étaient « *des libéraux de gauche, fortement imprégnés de christianisme social, attachés à l'idée de service public et très soucieux de l'intervention de la collectivité là où elle est nécessaire, surtout quand elle revêt une forme décentralisée* »[79]. En fait, ce consensus social à l'allemande remonte à la fin du XIXe siècle, lorsque le Kaiser et le patronat avaient noué un partenariat avec les syndicats naissants, à condition de privilégier les sites de production allemands. C'est là aussi un des fils directeurs pour comprendre la stratégie allemande : tout faire pour préserver le *Standort Produktion Deutschland.* Au lendemain de la Seconde Guerre mondiale, l'Allemagne est exsangue. Les Alliés mettent plusieurs conditions à la création de la Bundesrepublik. D'une part, la cogestion est rendue obligatoire. C'est dans l'air du temps social-démocrate et dans la culture allemande. Et les concurrents, notamment français et anglo-saxons, espèrent que cela obérera la compétitivité du pays et de ses industriels. D'autre part, la nouvelle République doit adopter une structure fédérale qui donne aux Länder des pouvoirs très élargis. Là aussi, l'idée des Occidentaux est d'éviter la reconstitution d'un pouvoir central fort, dont on avait vu les ravages lors des deux dernières guerres.

Les Allemands vont faire de ce qui aurait pu être deux handicaps deux atouts. La cogestion et l'existence d'un seul syndicat, le DGB, vont permettre l'établissement de relations sociales moins épidermiques. Certes, il peut y avoir des affrontements,

---

79. Jean-Pierre Chevènement, *La France est-elle finie ?*, Fayard, 2011.

des grèves dures ; mais en étant associés très étroitement aux décisions, les syndicats ont le sentiment de participer à la stratégie des groupes allemands. Ces derniers défendent, bien sûr, les intérêts de leurs actionnaires, plus souvent familiaux que financiers, mais ils gardent présent à l'esprit l'intérêt de leur pays. Car, la nature ayant horreur du vide, ce sont les multinationales allemandes, ou plutôt les groupes nationaux engagés à l'international, qui assument *de facto* une partie du rôle généralement dévolu aux politiques. C'est là une des conséquences de la défaite de 1945. L'Allemagne a été mise à l'écart d'un certain nombre d'instances et d'activités. Pas question, pour elle, de se relancer seule dans l'aéronautique[80]. Pas question d'avoir un outil de défense développé, et à plus forte raison nucléarisé. Pas question d'avoir une diplomatie active. Avec une classe politique décimée et une population culpabilisée, le soin de bâtir et de conduire une stratégie pour le pays a tout naturellement été transféré aux grands groupes. Les syndicats étant associés à la gestion de ces derniers, tout comme les Länder et leurs élus, il y avait là une certaine légitimité démocratique. Certes, au fil des ans, une classe politique a émergé et occupé peu à peu le devant de la scène, mais, sur le fond, ce sont les industriels qui continuent de définir ce qui est bon pour l'Allemagne. Le projet géopolitique du pays se confond avec le projet géostratégique de ces groupes.

L'histoire de ces vingt dernières années est, à cet égard, édifiante. Qu'il s'agisse de la réunification, de la préparation de l'euro, des réformes sociales, des

80. C'est la France, à travers Airbus, qui a permis à l'Allemagne de revenir sur ce marché.

délocalisations, de l'élargissement de l'Europe, de la politique à l'Est... À chaque fois, les décisions affichées par les politiques ont été prises en étroite collaboration avec le patronat allemand ; quand ce n'est pas ce dernier qui les a dictées. Que le chancelier soit social-démocrate ou chrétien-démocrate. Certes, lorsque Helmut Kohl choisit, au lendemain de la réunification, une parité entre l'Ost-Mark et le Deutsche Mark de un pour un, il prend, pratiquement seul, une décision politique. Il nous avait expliqué, en 1991, les raisons de ce choix qui n'était pas celui des milieux économiques allemands. Il avait compris, lors d'un meeting à Dresde, que «*si le capital n'allait pas vers les hommes, c'étaient les hommes qui iraient vers le capital. Des millions d'Allemands de l'Est risquaient de se précipiter vers l'Ouest pour y trouver du travail et des salaires décents*». Pour éviter cette migration incontrôlable, il avait alors décidé cette fameuse parité de «*ein für ein*». Avec deux conséquences : d'un coup, les usines et les produits de l'Est n'étaient plus compétitifs. Il fallait donc organiser leur reconversion progressive et payer les salariés à ne rien faire, ou presque, pour qu'ils restent sur place. La hantise de Helmut Kohl, catholique rhénan, étant d'éviter les frictions, voire les heurts qu'une ruée des *Ossies* à l'ouest aurait entraînés. S'ils étaient tous allemands, quarante-cinq ans de séparation avaient avivé les antagonismes. Pendant des décennies, les industriels d'Allemagne de l'Ouest avaient fait de la DDR leur *Hinterland*. Le traité de Rome ne reconnaissant pas la coupure de l'Allemagne, les produits fabriqués à l'Est pouvaient entrer à l'Ouest sans droits ni contingentement. Les groupes allemands avaient donc pris l'habitude d'utiliser les usines de l'Est comme des sous-traitants, disposant d'une main-d'œuvre qualifiée, puisque allemande. Certes, la productivité y était faible, mais compte tenu des parités entre l'Ost Mark et le Deutsche Mark, les salaires versés de l'autre côté du mur étaient de huit à dix fois inférieurs à ceux de l'Ouest. L'industrie allemande avait ainsi acquis, pendant près d'un demi-siècle, une véritable expertise en matière de délocalisation des sous-ensembles, assemblés ensuite dans les usines de l'Ouest avec un contrôle de qualité draconien.

La réunification va donc coûter deux fois à l'Allemagne, et accessoirement aux autres pays européens. D'une part, il lui faut injecter de l'argent dans les Länder de l'Est. Au total, 1 500 milliards d'euros au cours de la décennie. D'autre part, ses industriels ont dû retrouver un nouvel *Hinterland*. La diplomatie allemande s'est alors employée à reculer plus à l'est les frontières de l'Europe. Pologne, Tchécoslovaquie, Hongrie... puis pays Baltes, Slovénie, Roumanie, Bulgarie. Sans parler de la Yougoslavie qui éclate à la suite de la reconnaissance unilatérale de la Croatie par Berlin.

Avec la réunification, le rapport de force en Europe change. Cet élargissement à marche forcée revient à admettre, à l'intérieur d'un espace européen en voie d'homogénéisation progressive, des pays dont le niveau des salaires était inférieur d'environ huit fois à la moyenne. Les fonds structurels sont désormais orientés vers ces nouveaux adhérents. L'industrie allemande tient son nouvel *Hinterland*. Elle va y investir massivement (environ 200 milliards d'euros), notamment l'industrie automobile. Elle y trouve une main-d'œuvre de bonne qualité, dans des monnaies qui ont tendance à se dévaluer par rapport au mark, puis à l'euro. La proximité facilitant le transport des pièces détachées. Toutefois, la recherche du bas coût n'est pas la motivation principale des entreprises allemandes. Ces dernières n'ont pas plus délocalisé en Europe centrale ou en Asie que les multinationales françaises. Une étude d'un professeur de l'université de Munich, Dalia Marin, montre que l'*outsourcing* (externalisation) des entreprises allemandes obéissait d'abord à la nécessité de trouver des salariés qualifiés qu'elles n'avaient plus en nombre suffisant en Allemagne.

Ces investissements en Europe de l'Est, dans les années 1990, se sont traduits par des sorties de capitaux qui restent finalement de faible ampleur, comparés à l'hémorragie qu'a connue le pays entre 1995 et 2008. Il faut se replacer dans le contexte de l'époque. La réunification coûte cher. Elle se traduit par une fiscalité élevée. Avec un impôt supplémentaire de 5,5% pendant plusieurs années. La marche vers la monnaie unique est mal perçue par une population allemande très attachée à son Deutsche Mark, symbole de sa prospérité. Les entreprises commencent à regarder vers les paradis fiscaux ou les pays comme l'Irlande qui ont fait du *dumping* fiscal un avantage compétitif. Banquiers et financiers travaillent de plus en plus avec les places anglo-saxonnes, notamment la City. Avec la libre circulation des capitaux, rien de plus facile. Quant aux ménages de cadres, ils songent à leurs vieux jours, à leur retraite… au soleil. On va alors assister à un exode massif de l'épargne et du patrimoine allemands. Entre 1995 et 2008, 76% de l'épargne allemande (ménages, État, entreprises) aura été investie à l'étranger, contre 24% en Allemagne. C'est une autre similitude avec Pékin. L'Allemagne est, derrière la Chine, le plus gros exportateur de capitaux. Les Chinois ont acheté de la dette américaine. Les Allemands, de l'immobilier au soleil.

Il y a une douzaine d'années, une plaisanterie courait en Espagne, au sujet de l'île de Majorque, considérée comme le dix-septième Land, tant les Allemands y étaient omniprésents. C'est un argument qui est d'ailleurs utilisé aujourd'hui par une partie des dirigeants d'outre-Rhin. Pour le président de l'Institut de conjoncture Ifo, Hans-Werner Sinn, «*le boom de l'économie nationale, que les sorties de capitaux (allemands) ont provoqué dans des pays comme la Grèce, l'Espagne, l'Irlande et, dans une moindre mesure, la France, a conduit dans ces pays à une rapide augmentation de l'activité de la construction. Les ouvriers du bâtiment trouvaient des emplois et dépensaient leurs salaires en biens de consommation. Les propriétaires de biens immobiliers se réjouissaient de fortes augmentations de leurs avoirs, qui les incitaient à d'autres investissements financés par le crédit*»[81]. Un crédit d'autant plus facile à obtenir que la création de l'euro a peu à peu fait disparaître la différence de taux d'intérêt entre pays. Ce que le président de l'Ifo ne dit pas, c'est que ces hémorragies de capitaux, cette fuite vers les résidences secondaires au soleil, ont également obéi à des motivations moins avouables. Contrairement à ce que l'on pourrait croire, le contribuable allemand est loin d'être vertueux. Il le serait même un peu moins que la moyenne des Européens. Tout comme l'éthique de ses grands dirigeants ne saurait être un modèle, tant la corruption, notamment à l'exportation, était – et est encore – une

81. *Le Monde*, 28 octobre 2010.

pratique courante. Les Allemands thésaurisaient leur argent noir (fraude fiscale, travail non déclaré, combines diverses...) en billets de 1000 marks. Lorsqu'ils ont appris que tous les billets allaient être échangés à l'occasion du passage à l'euro, ils ont pris peur. C'est ainsi que les agents immobiliers des «pays du Club Med», notamment l'Espagne, ont vu débouler à partir de l'automne 1997 des cohortes d'Allemands, leurs attachés-cases remplis de billets de 1000 marks[82] à la main, prêts à acheter n'importe quoi, tout de suite. Une vague d'achat qui a tiré les prix de l'immobilier à la hausse. Partout, sauf en Allemagne. Entre 1997 et 2006, les prix y ont baissé de 2,4 %. Alors qu'ils ont augmenté de 173 % en Espagne, 160 % au Royaume-Uni et 132,5 % en France. On a un peu trop tendance, en France comme dans les pays du Sud, à occulter cet exode des capitaux allemands. Cette hémorragie, liée au coût de la réunification, a entraîné un marasme de l'économie allemande et une baisse de la valeur des biens immobiliers. Les ménages allemands arbitreront, pour leurs résidences secondaires, entre des mètres carrés chers, soumis au froid et à la pluie, et des mètres carrés peu chers, et au soleil. Avec, en outre, un coût de la vie et des services, à l'époque, bien inférieur à ceux de l'Allemagne.

Pour compenser ces sorties de capitaux, l'Allemagne n'aurait donc pas eu d'autre choix que de miser sur l'exportation à tout prix. Pour accroître et maintenir sa compétitivité, patronat, syndicat et gouvernement vont se mettre d'accord sur une série de

---

82. C'est à la demande expresse de l'Allemagne que la zone euro a adopté le principe d'un billet de 500 euros correspondant peu ou prou à 1000 marks.

mesures. Il appartiendra à un chancelier social-démocrate, Gerhard Schröder, d'initier l'Agenda 2010. Cette politique, qui se développe sur la décennie, comporte plusieurs volets. Premier volet : la fiscalité. L'impôt sur les sociétés est ramené de 40 % à 25 %, puis à 15 %, en 2007, pour les bénéfices réinvestis ; le taux maximum de l'impôt sur le revenu, de 51 % à 42 %. Enfin, l'impôt sur le patrimoine est supprimé, dès 1997, par Helmut Kohl. Un geste pour tenter d'endiguer la fuite des capitaux. Phénomène moins connu, dans la plupart des Länder, les entreprises ont négocié une réduction, voire une suppression des impôts locaux, en échange du maintien des sites de production et des sièges sociaux. Face à ces réductions d'impôts, les entreprises ont dû accepter, en 2007, une contrepartie. Essentielle, elle a été un peu occultée. Toute délocalisation de fonctions en dehors de l'Allemagne sera soumise à une taxe calculée sur la valeur de l'activité délocalisée. Cette taxation concerne tous les types de transferts, tant les fonctions de production (usines, lignes de production) que les fonctions administratives (centres d'appels, services partagés...) et commerciales ou encore logistiques. Pour compenser les baisses de recettes, Angela Merkel augmentera, en 2007, la TVA de trois points, la faisant passer ainsi de 16 % à 19 %. Une recette supplémentaire de 25 milliards d'euros, destinée à compenser en partie la baisse des cotisations d'assurance-chômage et d'assurance-maladie. Ce qui, évidemment, va peser sur la consommation.

Deuxième volet de cet Agenda 2010 : une profonde réforme de l'État providence. Le raisonnement est simple : l'Allemagne est, en raison de la réunification et de ses coûts, devenue trop chère. Il faut donc peser sur le coût salarial et introduire plus de souplesse sur le marché du travail. Une série de réformes, plus connues sous le terme de lois Hartz I, II, III ou IV, va s'étaler sur dix ans. La retraite par capitalisation est introduite et, en 2007, l'âge de la retraite est porté de 65 à 67 ans. La protection contre les licenciements dans les petites PME est assouplie. Les syndicats acceptent une stagnation du pouvoir d'achat. Ainsi, les coûts salariaux unitaires n'ont pas augmenté de 1998 à 2009. Alors qu'en France, par exemple, ils ont progressé de 18 %[83]. En Italie, en Espagne, au Royaume-Uni, les hausses sont encore plus fortes. Ainsi, en une décennie, l'Allemagne a réduit les écarts. Aujourd'hui, le coût salarial horaire dans l'industrie manufacturière est identique en France et en Allemagne (autour de 33,50 euros de l'heure). Certains économistes, comme Patrick Artus, estimant même que les coûts unitaires dans les usines allemandes sont en réalité 15 % moins élevés qu'en France. Pour lui, depuis 2005, la compression des coûts de production en Allemagne ne se transforme plus en baisse des prix, mais en marge bénéficiaire supplémentaire pour les entreprises. Les syndicats s'en étaient aperçus. En 2007, ils avaient commencé à obtenir quelques augmentations de salaire. Survient alors la crise, merveilleux prétexte pour poursuivre sur la voie de la rigueur salariale. Après une année difficile en 2009, les groupes allemands ont renoué, comme la plupart des multinationales, avec les profits. Des profits qu'elles ne redistribuent toujours pas

83. Entre 1991 et 2008, selon une étude de l'Institut Robert-Schuman, la part des salaires dans le PIB est revenue en Allemagne de 55,1 % à 49,1 %. En France, elle est restée autour de 52 %.

aux Allemands. Ni même à leurs actionnaires. Elles thésaurisent leurs bénéfices. Elles engrangent du *cash* : non pas pour investir en Allemagne, ou même en Europe, mais pour se développer demain sur les marchés émergents[84].

Cette réforme de l'État providence s'accompagne d'une politique privilégiant le temps partiel. On a vu qu'un des handicaps de l'Allemagne réunifiée tenait dans une relative pénurie de main-d'œuvre qualifiée. L'intérêt bien compris du patronat et du syndicat unique, le DGB, dont les gros bataillons viennent de l'industrie, notamment de sa branche IG Metal, était de tout faire pour garder les ouvriers, techniciens et cadres qualifiés. Plutôt que de licencier, on a conservé les salariés en réduisant la durée du travail et une partie de la rémunération. Enfin, la réforme de l'assurance chômage oblige les chômeurs à prendre quasiment n'importe quel emploi après un certain délai, sous peine de perdre leurs allocations. Ces mesures vont avoir un impact direct sur le taux de chômage. De cinq millions en 2005, le nombre de chômeurs est revenu aujourd'hui à trois millions, soit de 11 % de la population active à 7 %. Une baisse largement due à trois facteurs. Le premier, généralement passé sous silence, est la démographie. Avec un taux de fécondité très bas depuis des années (1,4), la population en âge de travailler a commencé à diminuer. Ce qui réduit mécaniquement le taux de chômage qui se calcule par rapport à la population active. D'ici à un demi-siècle, l'Allemagne, si elle ne relève pas son

84. La part de l'investissement dans le PIB, en Allemagne, est revenue de 24 % en 1991 à 18 % en 2010, selon la Fondation Robert-Schuman.

taux de fécondité, ou ne procède pas à une immigration massive, va perdre dix-sept millions d'habitants par rapport à ses quatre-vingt-deux millions d'aujourd'hui. Le deuxième facteur tient aux emplois atypiques, les minijobs que l'État a exonérés de charges sociales. Ils représenteraient aujourd'hui près de 20 % du total des emplois, leur nombre étant passé, en dix ans, de 5,3 à 7,7 millions. Enfin, le troisième facteur concerne le *Kurzarbeit* (temps partiel) : 27 % de l'emploi total en Allemagne (dont 45,4 % chez les femmes et 9,4 % seulement chez les hommes), contre 17 % en France, et 20 % dans la zone euro.

CHAPITRE XIV

Une Allemagne à deux vitesses

L'Agenda 2010 a porté ses fruits. Au niveau macroéconomique, cela se retrouve dans les comptes de l'Allemagne et de ses entreprises. La Banque centrale européenne a calculé que, depuis le début 1999, l'Allemagne avait gagné en compétitivité contre tous les principaux pays industrialisés et contre toute la zone euro. Sa balance des paiements est passée, dès 2001, d'un léger déficit à un surplus qui atteint désormais 5 % de son PIB, alors que, dans la zone euro, la France, l'Italie, l'Espagne, le Portugal, la Grèce et l'Irlande ont vu leur balance des paiements devenir négative. Essentiellement en raison de leurs déficits commerciaux. L'Allemagne, elle, est devenue, en 2005, le premier exportateur mondial. Un titre qu'elle se dispute depuis avec la Chine. La part des exportations dans son PIB est passée de 23,1 % en 1994 à 47,3 % en 2008. En 2011, le cap des 1 000 milliards d'euros devrait être atteint. Il y a dix ans, l'Allemagne exportait pour un total de 400 milliards d'euros seulement. Ses excédents commerciaux, eux, ont été multipliés par trois pour atteindre 154 milliards, en 2010. Après le trou de la crise, la machine à exporter est repartie de plus belle. Sur onze ans, le total des excédents commerciaux allemands s'est élevé à plus de 1 500 milliards d'euros. De quoi compenser largement les sorties de capitaux. Ainsi, la balance des paiements allemande était encore positive de plus de 130 milliards en 2010. Des excédents qui se retrouvent, d'une façon ou d'une autre, dans les comptes publics. Et qui expliquent la faiblesse relative des déficits budgétaires. Oui, ce sont bien les exportations qui font tourner la maison Allemagne et lui permettent d'afficher de meilleures performances en matière de comptes publics. Mais les excédents des uns font les déficits des autres. Il est incontestable que les 1 500 milliards d'euros ont été engrangés, pour l'essentiel... sur les partenaires européens (à 85 %), notamment ceux de la zone euro (60 %). Ces surplus ont permis à l'Allemagne, et bien au-delà, de compenser ses déficits commerciaux avec le Japon, et surtout la Chine, qui est devenue, en 2010, son premier fournisseur... devant la France. Plus qu'un symbole !

Ce boom des exportations n'est pas dû seulement à la compression des coûts salariaux. Ni à une quelconque manipulation monétaire, comme en Chine, puisque 80 % des ventes allemandes sont libellées en euros, et 13 % seulement en dollars. La force de l'industrie allemande tient essentiellement dans sa politique de niche. Non pas dans le sens d'une spécialisation sur quelques secteurs seulement, comme c'est le cas de la France, mais dans une montée en gamme sur toutes les grandes filières industrielles. À commencer, bien sûr, par l'automobile, la métallurgie, la chimie, le verre, etc. «*Nous n'avons jamais été le moins-disant*», explique Teel Hahn, l'un des dirigeants du groupe familial éponyme[85]. L'entreprise, créée en 1836, est une multinationale miniature de cent quarante employés. Elle domine le marché des vitrines de musée. Elle exporte 60 % de son chiffre d'affaires et les plus grands musées du monde sont ses clients. Ses installations sont à la pointe de la technologie (protection contre les agressions, les chocs, climatisation, contrôle des ouvertures électroniques, etc.). «*Nous avons appris depuis longtemps à compenser la faiblesse de notre marché intérieur en nous développant à l'étranger. Pour contrebalancer un coût du travail élevé, nous nous sommes concentrés sur des produits haut de gamme, pour lesquels les clients étaient, de toute façon, prêts à payer.*» En 2009, pour faire face à une chute des commandes, Hahn, qui n'a pas de syndicat, a largement utilisé le temps partiel pour ne pas avoir à licencier. La société a mis au point un compte- temps de travail, les employés accumulant un crédit d'heures lorsqu'il y a des commandes, et ponctionnant ce compte lorsqu'ils travaillent moins. La paye reste la même. Une telle souplesse autorise une extraordinaire réactivité. La renommée de la marque lui permet d'emporter les appels d'offres, même en étant plus chère. Ce qu'un industriel français résume en ces termes : «*Lorsque l'euro monte de 10 %, les exportations françaises baissent de 10 %, les allemandes, elles, ne reculent que de 2 %.*»

Ce savoir-faire à l'exportation, qui remonte, on l'a vu, au XIXe siècle, s'appuie sur une politique en faveur de la recherche et du développement. L'Allemagne consacre 2,8 % de son PIB à la R&D, contre moins

---

85. *International Herald Tribune*, 10 mars 2010.

de 2 % pour la France. Ses grands groupes figurent parmi ceux qui dépensent le plus dans ce domaine. À commencer par Daimler, Siemens et Volkswagen. En outre, ces investissements en recherche débouchent sur du concret. L'Allemagne dépose trois fois plus de brevets que la France. Un rapport qui n'est pas sans rappeler celui, constaté à la fin du XIXe siècle, entre l'Allemagne et la Grande-Bretagne. On compte deux cent cinquante mille entreprises exportatrices, contre quatre-vingt-dix mille en France. Les grosses PME (de cinq cents à cinq mille salariés), souvent leaders sur un créneau, comme Hahn, sont quatre fois plus nombreuses outre-Rhin : seize mille contre quatre mille en France.

Autre caractéristique : les Allemands chassent en meute à l'étranger. Les grands groupes, les PME, ont mis en commun, en réseau, leurs connaissances sur les marchés extérieurs. Ainsi, une entreprise allemande, néophyte dans un pays, peut tout de suite avoir accès aux informations essentielles et profiter de l'expérience des entreprises allemandes déjà implantées. Hormis quelques secteurs particuliers comme l'automobile, il n'y a pas de réelle concurrence entre les champions allemands à l'exportation. Ils sont seuls ou presque. Leurs compétiteurs étant européens, américains ou autres, mais pas allemands. Le *Kartell* reste profondément ancré dans la culture de l'industrie allemande.

Ces succès des groupes industriels allemands sur le marché mondial seraient, selon certains beaux esprits, dans l'ordre des choses. Dans le cadre d'une Europe unifiée, avec de surcroît une monnaie unique entre dix-sept pays, une division des tâches serait inéluctable, chaque pays se spécialisant en fonction de ses points forts. Du Adam Smith et du Ricardo dans le texte. Dans ces conditions, il serait logique que l'industrie allemande devienne, en quelque sorte, le représentant de l'industrie européenne sur les marchés mondiaux. Outre que cette vision est réductrice et presque humiliante pour les autres pays, elle a montré ses limites avec la crise. En outre, Berlin n'entend pas brider ses ambitions à la seule industrie. Sa stratégie mercantiliste se déploie tous azimuts. Comme celle de la Chine.

Les Français ont pu croire que l'agriculture et l'agroalimentaire demeureraient un de leurs points forts et un des principaux contributeurs de la balance commerciale. C'est fini ! L'Allemagne est devenue, depuis 2007, le premier exportateur de produits agricoles, et même de fromages, en Europe. Devant la France qui a pourtant une surface agricole supérieure de plus de 50 %. En dix ans, les surfaces cultivées en légumes ont explosé en Allemagne, alors qu'elles reculaient en France. Les exportations de viande ont augmenté de 400 % en volume, alors qu'elles ont quasiment stagné en France. Comment expliquer un tel miracle ? Par une utilisation habile de la politique agricole commune (PAC), et par « *la bonne formule mercantiliste de la modération salariale et des gains de compétitivité* »[86]. Les agriculteurs allemands ont misé sur l'agriculture biologique, considérée comme une niche porteuse à forte valeur ajoutée. Près de 6 % des surfaces cultivées ont été converties au bio, avec des aides de l'État, des Länder et de l'Europe. Notamment à l'Est. À côté du bio, depuis dix ans,

86. Pierre-Olivier Beffy et Amélie de Montchalin. *Les Échos*, 10 novembre 2010.

on a incité les agriculteurs à produire des énergies renouvelables. Deux millions d'hectares sur les seize millions cultivés ont été reconvertis pour la culture de maïs, seigle et betteraves nécessaires à la production de biogaz. Les producteurs d'électricité sont obligés de racheter les kilowattheures aux paysans à un prix élevé, l'État subventionnant le surcoût. Et ce, pendant vingt ans. Assuré de revenus récurrents par la vente de ces énergies vertes, le paysan peut alors mieux supporter les aléas de ses autres productions. Le recyclage du lisier de porc, des fientes de poulet, des bouses de vache permet de rentabiliser la filière viande. Par ailleurs, les agriculteurs utilisent une main-d'œuvre bon marché : 6 euros de l'heure contre plus de 10 euros en France. Ils font appel massivement à des salariés étrangers d'Europe de l'Est, payés aux salaires de leurs pays d'origine. Avec une exonération totale de charges sociales pour les saisonniers.

L'agriculture n'est pas le seul secteur à utiliser une main-d'œuvre sous-payée et sous-protégée. C'est le cas aussi dans les services. Les délocalisations y ont été légion : centres d'appels, comptabilité, traitement informatique... Le salaire minimum n'existe pas pour les activités de services, commerces, artisanat ou l'agriculture. C'est le revers de la médaille. On a préservé l'industrie, ses emplois, et une partie du pouvoir d'achat des ouvriers et cadres. Les salaires y sont supérieurs de 40 % à la moyenne des rémunérations en Allemagne. Mais, en bas de l'échelle, le modèle de l'économie sociale de marché s'apparente plus désormais au modèle anglo-saxon. Selon une étude de l'Institut du travail de l'université de Duisbourg, 6,5 millions de personnes, soit 20 % des travailleurs, touchaient, en 2010, moins de 10 euros de l'heure, dont deux millions moins de 6 euros. Le coût des services à la personne (le coiffeur est payé 5 à 6 euros de l'heure), souvent exercés par des immigrés, est bien moins élevé en Allemagne que dans la plupart des pays européens. Ce qui a rendu moins pénible la stagnation du pouvoir d'achat des autres classes moyennes. La baisse des prix de l'immobilier a, elle aussi, permis aux ménages allemands de se loger à bon marché. En moyenne, un ménage allemand consacre 20 % de ses revenus au logement. En France, on atteint désormais 30 % et plus dans les grandes villes (hors logement social). Pour 400 euros par mois, on trouve des trois-pièces à Düsseldorf, Stuttgart et même à Berlin. Pour Hans Starck, « *si les salaires sont bas, le coût de la vie l'est également, sans aucune mesure avec ce qu'il est en France, même en province* ». Voilà qui explique que la population allemande et les syndicats aient jusqu'à présent accepté cette politique de rigueur salariale et que l'Allemagne soit tellement obsédée par l'inflation. Que les prix dérapent, que les services et l'immobilier s'envolent, que l'alimentation devienne plus chère, et c'est tout le consensus autour de la stratégie mercantiliste qui risque d'éclater ! Car les classes moyennes allemandes souffrent. Pas autant que celles des autres pays européens. Mais, globalement, si l'Allemagne engrange des excédents commerciaux lui permettant de limiter ses déficits publics, si ses entreprises accumulent les bénéfices, une partie de la population, elle, a été décrochée. En termes statistiques, on définit la classe moyenne allemande comme les ménages ayant entre 70 % et 150 % du revenu médian (1 940 euros par mois pour une famille avec deux enfants). En 2000, 62 % de la population allemande entraient dans cette catégorie. En 2006, ils n'étaient plus que 54 %. La différence, soit 8 %, correspond aux ménages tombés dans la trappe à pauvreté.

Avec l'Agenda 2010, le nombre de pauvres n'a cessé d'augmenter outre-Rhin. On en compterait 11,5 millions contre 8 millions il y a dix ans. Sont considérées comme pauvres par l'OCDE les personnes qui ne touchent que 60 % du revenu médian. Un quart des moins de vingt-cinq ans est pauvre. On compte plus de deux millions d'employés en dessous du seuil de pauvreté, tel qu'il est défini dans un pays développé. Dans les Länder de l'Est, beaucoup de salariés touchent moins de 720 euros, pour un temps complet. Il s'agit souvent de cellules monoparentales, de femmes élevant seules leurs enfants avec un emploi de services sous-payé. Ces écarts de richesse commencent à susciter des réactions outre-Rhin. Mais, pour le moment, la population est surtout préoccupée de ne pas avoir à payer pour les Grecs, les Portugais, les Espagnols et autres.

CHAPITRE XV

Le nouvel égoïsme allemand

Cette conviction d'être les meilleurs a conduit les groupes allemands à mener une politique quelque peu impériale vis-à-vis des Européens, et surtout de la France. Il y a d'abord eu des frictions avec EADS. Les Allemands s'étant autopersuadés qu'à terme les Français étaient résignés à leur concéder le leadership. Il est vrai qu'en leur offrant la parité, alors que les apports étaient inégaux[87], la France a donné un signal de faiblesse. Le comportement quelque peu désinvolte d'Arnaud Lagardère, après le décès de son père, a accentué cette impression. La nomination, puis la gestion de Louis Gallois, fort apprécié outre-Rhin, ont permis d'apaiser un temps les tensions. Mais sur le fond rien n'est réglé.

C'est surtout avec Siemens, pilier de l'*establishment* germanique, que les frictions ont été les plus fortes. La firme munichoise a un passé chargé avec la

87. Lors de la fusion, la valeur des apports allemands représentait 40 % et celle des apports français 60 %. Lionel Jospin et Dominique Strauss-Kahn, alors respectivement Premier ministre et ministre de l'Économie, ont offert un 50/50 aux Allemands.

France. Dans les années 1970, Paris avait rompu unilatéralement une alliance dans l'informatique. Ce qui fut mal vécu à Munich. Trente ans plus tard, lorsque Alstom fut au bord de la faillite, Siemens pensait tout naturellement rafler la mise et acquérir, à bon prix, une sorte de monopole européen sur le matériel ferroviaire et les équipements électriques. Le blocage par Nicolas Sarkozy, alors ministre de l'Économie, fut ressenti comme un camouflet. Parallèlement, Siemens avait, il est vrai, tout fait pour que Bruxelles s'oppose au projet de fusion entre Schneider et Legrand. Dernier contentieux – et non des moindres –, le groupe était associé à Areva, notamment pour la fabrication des nouveaux réacteurs nucléaires EPR, à travers sa participation de 34 % dans la filiale Framatome-ANP. Siemens aurait bien échangé cette participation contre une présence, en haut, dans le capital d'Areva. Certes, le marché allemand des centrales nucléaires était déjà, à l'époque, réduit à la portion congrue. Mais Siemens voulait se couler dans le dispositif Areva afin de participer au développement du nucléaire aux quatre coins du monde et imposer peu à peu, dans les appels d'offres, ses matériels au détriment de ceux des fournisseurs traditionnels d'Areva, notamment d'Alstom. Las ! La France n'a pas répondu aux attentes de Siemens. Ce fut la rupture en janvier 2009. Le groupe allemand annonçant, dans la foulée, qu'il concluait un accord avec le russe Rosatom[88]. Ce basculement aussi rapide des alliances ne doit rien au hasard. Peter Löscher, le

88. Un tel accord était incompatible avec les termes de non-concurrence contenus dans l'accord Siemens-Areva de 2001. Siemens sera condamné à verser 648 millions d'euros de dommages et intérêts.

PDG de Siemens, a les meilleures relations du monde avec Vladimir Poutine. Il fait partie d'un groupe d'industriels qui pense que l'avenir de l'Allemagne, et par ricochet de l'Europe, passe par une grande alliance avec la Russie. Sur le fond, il n'a pas tort. À ceci près, que ces industriels allemands veulent avoir une sorte de monopole des relations avec la Russie. Ce partenariat stratégique, amorcé par Gerhard Schröder, s'est noué d'abord autour de l'approvisionnement en gaz russe, avec les projets de gazoduc, *via* la Baltique et la mer Noire. Personne ne trouvera à redire à ce que Gerhard Schröder, après sa défaite électorale, ait été récupéré et rémunéré par Gazprom.

Tout comme l'Amérique a son lobby prochinois, l'Allemagne a son lobby prorusse. Au premier rang duquel on trouve les patrons des géants de l'énergie, RWE et E.ON. Il y a également Peter Löscher à qui Vladimir Poutine a demandé de moderniser le réseau ferroviaire en Russie et en Sibérie. Siemens doit produire, sur vingt ans, en coopération avec les entreprises russes, vingt-trois mille locomotives et quatre-vingt-seize mille wagons. Au total, six mille entreprises allemandes travaillent déjà en Russie. Les dirigeants russes, comme les Chinois, sont experts pour analyser les centres de pouvoir chez les autres. Vladimir Poutine a compris que Peter Löscher était plus puissant qu'Angela Merkel. C'est donc avec lui qu'il fallait «dealer».

Le lobby financier américain, lui, a compris que le premier banquier allemand était banquier avant d'être allemand. Joseph Ackermann, d'origine suisse allemande, préside depuis bientôt dix ans aux destinées de la Deutsche Bank. Il a réussi à convaincre ses interlocuteurs, notamment les politiques, que l'économie du pays avait besoin de disposer d'un établissement financier qui puisse rivaliser avec les grandes banques anglo-saxonnes. En 2002, il se lance dans la banque d'investissement, une activité alors très peu développée outre-Rhin. Peu à peu, le centre de gravité de la banque se déplace. Les traditionnels prêts aux entreprises et aux ménages allemands continuent d'être la principale activité en Allemagne. Mais parallèlement, les fusions -acquisitions, et surtout les opérations sur produits dérivés se développent à partir des places de Londres et de Wall Street. À certaines périodes, elles génèrent 90% des bénéfices de la banque, et son patron, Anshu Jain, un Indien qui ne parle pas allemand, se verrait bien en successeur de Joseph Ackermann. Cette internationalisation de la Deutsche Bank, qui deviendra le chouchou de Wall Street, a été vue d'un bon œil par les industriels et les politiques allemands. Les uns et les autres rêvant que la banque recycle les dépôts et l'épargne allemande pour prêter aux consommateurs anglo-saxons, notamment américains... de quoi acheter des produits allemands. Mais les succursales londoniennes et américaines vont très vite s'autonomiser et faire la même chose que leurs homologues anglo-saxonnes : inventer et spéculer sur les produits dérivés, faire de l'*investment banking*, du *trading* pour leur propre compte[89]. Plus elles vont gagner de l'argent, moins on pourra les remettre dans la droite ligne.

---

89. Simon Johnson, ancien chef économiste du FMI, qualifiera Joseph Ackermann de «*banquier le plus dangereux du monde*». Il lui reproche d'avoir poussé la Deutsche Bank à prendre le maximum de risques, notamment sur les dérivés, pour obtenir un ROE avant taxes de 25%. Un objectif supérieur à ceux des pires *investment bankers* anglo-saxons.

Jusqu'à l'année dernière, Joseph Ackermann était un des interlocuteurs privilégiés d'Angela Merkel. Pas une semaine sans un contact. À la fin du mois de septembre 2008, en pleine nuit, la chancelière le réveille. Elle lui demande de sauver une grande banque régionale, IKB-Deutsche Industriebank, avant l'ouverture des marchés asiatiques. Faute d'une intervention, elle serait en cessation de paiement. En quelques minutes, Joseph Ackermann mobilise 9 milliards d'euros. De quoi s'attirer quelque reconnaissance. Depuis, il est vrai, les banques n'ont plus bonne presse dans l'opinion publique. Angela Merkel et les politiques allemands évitent donc d'afficher aussi ouvertement leur proximité avec le monde financier. Mais les canaux de communication fonctionnent toujours.

On touche là au cœur du problème européen. Cette proximité, pour ne pas dire cette inféodation du politique allemand au complexe industriel, s'est faite au détriment d'une vision plus politique de la place de l'Allemagne dans la construction européenne. Le capitalisme allemand défend ses intérêts. Il a fort habilement profité de l'Europe, mais il estime maintenant que son avenir est ailleurs. Notamment, comme on l'a vu, vers la Russie, mais surtout la Chine. C'est dans ce contexte que s'inscrit la crise de la zone euro. Les Allemands ne veulent pas payer. La population, parce qu'elle a consenti, depuis vingt ans, des sacrifices : d'abord, pour la réunification, ensuite, pour que l'Allemagne redevienne compétitive. Pas question donc de se serrer encore un peu plus la ceinture, pour des cigales méditerranéennes jugées impécunieuses et imprévoyantes. Pas question de redistribuer une partie des 1 500 milliards accumulés, depuis quinze ans, grâce aux excédents commerciaux. Certes, les banques, à commencer par la Deutsche Bank, n'ont qu'un objectif : que les États de la zone euro, tous les États, les débarrassent progressivement des obligations grecques qu'elles ont dans leur bilan. Et surtout qu'elles ne soient pas concernées par une restructuration des dettes souveraines. Quant aux industriels, ils ne craignent à la limite qu'une chose : un éclatement de la zone euro qui redonnerait une bouffée d'oxygène aux industries du sud de l'Europe, notamment de la France. Pour eux, l'Europe n'est qu'un marché, qu'ils ont, estiment-ils, d'ores et déjà conquis. Or le projet européen, c'était autre chose qu'une simple vision mercantiliste.

«*L'Allemagne a toujours été le moteur de l'intégration européenne, conformément à ses intérêts politiques et économiques*», écrivait, en mars 2010, Joschka Fischer, qui fut le vice-chancelier de Gerhard Schröder[90]. «*Depuis la Seconde Guerre mondiale, chaque gouvernement a eu à cœur de tirer profit de la puissance financière allemande pour faire avancer cet objectif – en d'autres termes de payer l'addition pour l'Europe. L'idée était simple : l'Allemagne donne et profite en retour. Si l'Allemagne devait négliger la première partie de cette proposition, le projet européen souffrirait sérieusement, ainsi que les intérêts nationaux allemands.*» Or, pour Joschka Fischer, Angela Merkel, plutôt que «Dame Europe», serait devenue «Frau Germania».

Ce basculement de l'Allemagne s'explique peut-être aussi par un changement du personnel politique. Changement générationnel, bien sûr. Mais

---

90. *Le Figaro*, 26 mars 2010.

changement aussi dans l'origine des chanceliers, notamment chez les chrétiens-démocrates. Konrad Adenauer, Helmut Kohl étaient des Rhénans catholiques. Avec Gerhard Schröder, qui arrive à la chancellerie en 1998, on note une première inflexion. C'est un social-démocrate de l'Allemagne du Nord, peu intéressé par la France. Or la relation franco-allemande a toujours été au cœur de la construction européenne. Sans elle, sans ce moteur, sans la capacité des deux pays à définir de nouveaux horizons communs, de nouveaux projets, l'idée européenne s'étiole. À l'évidence, Gerhard Schröder, comme Angela Merkel, ont oublié ce que Helmut Kohl disait en 1991 : « *L'Allemagne est notre patrie, l'Europe notre avenir.* » Ce social-démocrate s'attachera surtout à négocier l'Agenda 2010, pour le plus grand profit... des groupes industriels. C'est de son époque que date réellement le déplacement du centre du pouvoir en Allemagne, du politique vers les milieux d'affaires. Angela Merkel a beau avoir été choisie par Helmut Kohl, elle n'a rien de commun avec lui. C'est la fille d'un pasteur protestant, luthérien, qui quitte Hambourg en 1954, peu après la naissance d'Angela, pour s'installer dans une paroisse de la RDA. À une centaine de kilomètres de Berlin. Angela Merkel fait toutes ses études à Leipzig et à Berlin, et obtient les diplômes de docteur en physique-chimie. Elle parle russe couramment, comme tous les étudiants d'Allemagne de l'Est à l'époque. La réunification va la propulser en politique. Il faut des élus de l'Est, des femmes et des protestants, dans un parti chrétien-démocrate dominé par les hommes, du Sud, plutôt catholiques. Son pragmatisme fait merveille. C'est une femme qui a du bon sens... mais pas de vision.

Sans doute a-t-elle fait sienne la réflexion d'Helmut Schmidt : « *Celui qui a des visions devrait aller chez le médecin.* »

« *Si les Allemands ont aujourd'hui une vision, un projet,* reconnaît Hans Stark, *c'est peut-être d'être heureux, de bien vivre, de bien boire, de bien survivre dans un monde difficile, un monde sans amarres, un monde devenu un peu opaque, un monde qui effraie les Allemands. Et ceux-ci ont développé, comme au début du* XIXe *siècle, une petite bourgeoisie mercantiliste, très individualiste qui ne porte pas de projet aux cimes de la gloire européenne.* » Un jugement sans complaisance, mais lucide. Ce que Roger Cohen, éditorialiste du *New York Times*, qui fut longtemps en poste en Allemagne, résume en une phrase : « *L'Allemagne est entrée dans une nouvelle ère d'ambivalence et de calcul nationaliste.* » « *Ce que je trouve le plus choquant,* ajoute Roger Cohen, *c'est la manière dont l'idéalisme européen s'est flétri. Personne n'y parle plus des États-Unis d'Europe, comme le faisait l'ancien ministre Joschka Fischer. L'intégration européenne ne suscite aucune proposition enthousiaste. On serait tenté de dire que pour l'Allemagne, l'Europe a cessé d'être utile.* »

Les Allemands ont compris que personne, parmi les Vingt-Sept, ne souhaite s'engager dans un fédéralisme européen à tout-va. Désormais, l'Allemagne joue son jeu. Elle prend et entend donner le moins possible. L'ère du compromis permanent, notamment avec la France, s'est estompée. On l'a bien senti, en 2000, lors de la négociation du traité de Nice. L'Allemagne a demandé – et obtenu – que l'on tienne davantage compte de la démographie pour le calcul du nombre des députés européens. Puis, quatre ans plus tard, elle réclame le même avantage dans la définition des droits de vote au Conseil européen. Ce que Helmut Kohl, rappelle Hubert Védrine, «*avait dit qu'il ne demanderait jamais*». C'était rompre là avec le principe fondateur, posé en 1951, entre Jean Monnet et Konrad Adenauer. Ceux-ci étaient convenus qu'aucun des deux États majeurs de l'Europe ne songerait à revenir sur cette partie initiale, quel que puisse être le sort de l'union française ou l'avenir de l'unité allemande. Dans l'Europe de Lisbonne, la France ne pèse plus désormais que les trois quarts de l'Allemagne. C'est, du point de vue allemand, la reconnaissance qu'enfin l'Allemagne est redevenue une «nation normale[91]». Depuis, les *nein* de Berlin, se sont multipliés. Avec la France, comme avec les autres partenaires européens.

Il y a eu des divergences, on l'a vu, en matière de stratégie industrielle, mais aussi dans le domaine de la Défense. L'Allemagne mercantiliste est pacifiste. On ne peut, compte tenu de son passé, que s'en réjouir. Reste que, dans un monde incertain, l'Europe ne peut se passer d'un outil de défense. Sauf à prendre le risque d'être impuissante face aux menaces, aux chantages, que tel ou tel peut faire peser demain sur elle. L'Allemagne a choisi de ne pas avoir de véritable outil de défense. Elle réduit ses budgets d'armement, diminue ses effectifs. N'hésitant pas à remettre en cause ses commandes, comme l'avion de transport A400M, fabriqué pourtant par EADS, sur lequel elle s'était engagée. Dans les négociations sur la réduction des armements nucléaires, elle s'est plutôt alignée sur

91. Jean-Pierre Chevènement, *La France est-elle finie ?, op. cit.*

les vues de Washington et de Moscou, qui se traduiraient par une réduction drastique de la force de frappe française. La seule, pourtant, capable de permettre encore une dissuasion nucléaire indépendante.

Le pompon, pourrait-on dire, aura été le refus de soutenir la résolution, proposée à l'ONU début 2011, par la France et les États-Unis, d'intervention militaire en Libye. Sur le fond, l'intervention prêtait à discussion. Mais Berlin a, pour la première fois, lâché publiquement Paris, les autres Européens et les Américains, pour s'aligner sur la Russie, la Chine et les pays émergents qui se sont abstenus. Un vote hautement symbolique, qui témoigne, là aussi, des arrière-pensées allemandes et de ses nouveaux centres d'intérêt. Une position qui a fait réfléchir, non seulement dans les capitales européennes, mais aussi à Washington, et jusqu'en Allemagne. D'autant qu'elle survient après un autre événement lourd de sens. En juin 2009, la Cour constitutionnelle de Karlsruhe a subordonné la ratification du traité de Lisbonne à l'adoption d'une loi garantissant la souveraineté de la nation allemande. Le Parlement allemand devra exercer un contrôle systématique pour toute clause qui pourrait transférer des compétences nouvelles à l'Union européenne. Une notion très large qui aboutit à donner au Parlement une sorte de droit de veto sur toute décision importante que les gouvernements européens pourraient prendre.

Ce cavalier seul en matière de défense, de politique étrangère, de décisions institutionnelles est également spectaculaire dans le domaine économique et financier. Angela Merkel s'est opposée, au plus fort de la crise, à un plan de sauvetage des banques. Tout comme à des plans de relance concertés. Elle a fait quelques concessions du bout des lèvres, et obtenu en contrepartie que la rigueur budgétaire devienne la règle numéro un pour l'Europe, et que sa politique économique s'écrive désormais en allemand.

Avec Paris, malgré les sourires, les embrassades, les accolades de façade, rien ne va plus. La relation franco-allemande repose beaucoup sur les relations personnelles entre les deux chefs d'État. Déjà, entre Gerhard Schröder et Jacques Chirac, le courant ne passait guère. Seule l'opposition à la guerre en Irak permit de ressouder un temps les liens. Il est vrai qu'il y avait la Russie dans le trio, et que Jacques Chirac paya de l'abandon de la parité dans les Conseils européens le soutien de l'Allemagne. Telle est, du moins, l'interprétation que l'on peut faire des deux événements. Berlin a torpillé l'idée de l'Euroméditerranée, chère à Henri Guaino, le conseiller spécial de Nicolas Sarkozy. Enfin, il y a eu, juste après le tsunami et l'accident nucléaire de Fukushima, le retrait pur et simple de l'Allemagne du nucléaire. Sans aucune concertation avec Paris. Une décision, prise en une nuit, qui illustre, s'il en était besoin, les nouvelles orientations, les nouvelles inclinations de Berlin. Certes, Angela Merkel et sa coalition de droite doivent faire face à la montée en puissance des Verts. Les élections régionales de mars 2011 ont vu une très forte poussée des écologistes, en passe de battre les sociaux-démocrates. Certes, les centrales nucléaires allemandes ne produisent pas autant d'électricité qu'en France (26 % contre 75 %). Mais le gouvernement, accédant aux souhaits des exploitants, avait accepté de prolonger la durée de vie des centrales. En décidant de les fermer toutes d'ici à 2022, l'Allemagne savait qu'elle portait un coup très rude à l'énergie nucléaire et, par ricochet, à l'industrie française. Une décision prise en étroite concertation avec Siemens qui sort ainsi par le haut d'une situation compliquée, son alliance avec Rosatom n'étant qu'un pis-aller. Angela Merkel lui permet ainsi de se retirer en bon ordre et de redéployer ses investissements sur les nouveaux secteurs porteurs. Siemens a tout à gagner à l'ambitieux programme d'énergies renouvelables. Le groupe est directement intéressé au développement des éoliennes, et surtout de l'énergie solaire, avec le pharaonique projet Desertec au Sahara[92]. Sans parler de l'exploitation de gaz de schiste, dont les réserves sont abondantes, à l'est de l'Allemagne et en Pologne. Enfin, moins de nucléaire, cela veut dire plus de charbon allemand et plus de gaz carbonique... russe. Tant pis pour les émissions de carbone.

Ainsi, avec son retrait du nucléaire, l'Allemagne fait coup double. Elle mise sur les énergies du futur et affaiblit la filière nucléaire française, qui voit désormais ses marchés potentiels à l'exportation s'évanouir, l'Italie ayant renoncé à son tour. Pis, on peut être certain qu'un mouvement d'opinion outre-Rhin va faire pression pour que les centrales françaises, à proximité des frontières, ferment le plus vite possible. Dernier élément : l'arrêt des centrales allemandes va se traduire, pour l'usine de retraitement de La Hague, par un important manque à gagner. C'est dire combien la décision unilatérale de Berlin est lourde de conséquences pour l'avenir des relations entre les deux pays.

---

92. Ce projet prévoit un investissement de 400 milliards d'euros au Sahara. Des centaines de kilomètres carrés de panneaux solaires doivent produire plusieurs milliers de mégawatts exportés ensuite vers l'Europe. Siemens et la Deutschebank sont leaders dans le consortium Desertec.

Avec la crise de l'euro, les sujets de friction se sont étendus à l'ensemble de l'Europe. C'est Ana Palacio, ancien ministre espagnol des Affaires étrangères, qui tacle sévèrement le comportement de «*l'Allemagne qui se rêve en Hégémon, mais s'habille comme un comptable*». C'est un autre ancien ministre, italien cette fois, Tommaso Padoa-Schioppa, qui se demande si «*le lien entre l'Allemagne et l'Europe n'est pas devenu un mariage d'intérêt et non de nécessité ou d'amour*». L'Allemagne, et avec elle toute l'Europe, se trouvent au pied du mur. Que veut-elle ? Que voulons-nous ? Pour Jean-Pierre Chevènement, «*l'Allemagne d'Angela Merkel n'est pas encore l'"Allemagne européenne" selon Thomas Mann, dont aimait à se prévaloir le chancelier Kohl. C'est une Allemagne qui croit pouvoir concilier sa dépendance à l'Ouest et son tropisme à l'Est, son appartenance à la zone euro et le rêve de conquête des marchés mondiaux de ses industriels. Vingt ans après sa réunification, son identité n'est pas indéchiffrable, mais elle n'est pas encore vraiment stable*».

Le philosophe allemand Ulrich Beck[93] est plus sévère avec sa patrie. Pour lui, le Deutsche Mark fut la monnaie de la puissance allemande. Il faut désormais qu'il en soit de même avec l'euro. L'«offensive» d'Angela Merkel en faveur du «Deutscheuro» s'inscrit dans un cadre plus large. Tant dans le domaine économique que dans celui de la politique extérieure ou dans celui des interventions de la Bundeswehr à l'étranger, la chancelière est la porte-parole d'une nation repliée sur elle-même, une Allemagne qui a cessé d'être la

93. *Le Monde,* 11-12 avril 2010.

plus européenne des Européens et qui préfère minimiser ses alliances et ses obligations dans le cadre de l'Union ; une Allemagne qui caresse un avenir de « grande Suisse » ou de « petite Chine » (des excédents extérieurs avec une demande intérieure limitée).

CHAPITRE XVI

L'Europe à quitte ou double

Avec la crise de l'euro, l'Europe se trouve à la croisée des chemins. La monnaie unique, qui se voulait la réalisation du grand rêve d'unification du Vieux Continent, est en passe de tourner au cauchemar et de donner raison à toutes les Cassandre qui, à l'époque, à gauche comme à droite, avaient tiré les sonnettes d'alarme. Les doutes des eurosceptiques étaient malheureusement fondés. Ce fut une erreur d'avoir donné la même monnaie à des pays aux économies aussi disparates. Ce fut une erreur d'avoir imaginé une monnaie unique avec une banque centrale indépendante, sans autorité politique, sans convergence fiscale, sans harmonisation des politiques budgétaires, sans solidarité financière automatique. Ce constat sévère n'émane pas d'un adversaire de l'euro, d'un antieuropéen, mais de François Hollande[94], qui «*reconnaît qu'on a laissé une monnaie sans défense face aux marchés*». Aujourd'hui, chacun se chamaille. Les pays du Sud, les Français qui reprochent aux Allemands d'avoir tiré la croissance de la zone

94. *Le Nouvel Observateur*, 23 novembre 2010.

euro vers le bas en raison notamment de taux d'intérêt trop faibles. Car il y a un lien direct entre taux d'intérêt et croissance. Un économiste, Charles Gave, a repris, dans un de ses derniers ouvrages[95], les travaux d'un de ses confrères suédois, Knut Wicksell, qui reposent sur une idée simple. Dans l'économie, il n'y a que deux taux qui comptent : le taux d'intérêt naturel, qui correspond, schématiquement, au taux de croissance structurel de l'économie, et donc des profits ; le taux de marché, qui est le taux auquel chacun peut emprunter. C'est l'interaction de ces deux taux qui provoquerait les variations cycliques de l'économie. Si les taux d'intérêt – ceux pratiqués à court terme par une Banque centrale – sont plus élevés que la croissance, on débouche peu ou prou sur une stagnation, car cela favorise par trop le rentier par rapport à l'entrepreneur. En revanche, si les taux sont moins élevés que la croissance, on favorise le développement de bulles, de spéculations, où le rentier est défavorisé par rapport à l'entrepreneur. Dans un monde aux monnaies, aux taux de croissance et aux taux d'intérêt différents, les ajustements se font presque naturellement, en vertu de la théorie des cycles économiques. L'erreur conceptuelle de l'euro serait donc d'avoir appliqué une politique monétaire unique à des pays structurellement différents. Pour Charles Gave, l'euro implique que les taux d'intérêt de marché soient identiques dans tous les pays, ce qui suppose « *que ces derniers aient le même taux naturel, c'est-à-dire le même taux de croissance* ». Or il n'en est rien, et Charles Gave en fournit une

95. Charles Gave, *L'État est mort, vive l'État !*, François Bourin Éditeur, 2010.

démonstration : « *Imaginons que l'Allemagne ait un taux d'intérêt naturel de 2 %, c'est-à-dire un taux de croissance structurel de 2 %. Imaginons qu'un deuxième pays, l'Espagne, ait un taux naturel de 4 %. Si la BCE décide de fixer ses taux courts à 3 % (soit la moyenne entre les taux allemand et espagnol, ce que la BCE a constamment fait*[96]*), ce taux purement artificiel ne correspond ni à la réalité espagnole, ni à la réalité allemande. [...]*

« *Un taux de 3 % est trop élevé pour l'Allemagne compte tenu de sa croissance potentielle. Il favorise trop le rentier par rapport à l'entrepreneur allemand. De ce fait, la croissance ralentit, l'investissement, en particulier immobilier, disparaît, les salaires et la consommation stagnent, le taux d'épargne monte et avec lui l'excédent de la balance commerciale. Seules les entreprises tournées vers le commerce international tirent leur épingle du jeu, ce secteur étant le seul à croître de plus de 3 % par an. Et tout le monde de s'émerveiller devant la vertu teutonne : aucune vertu là-dedans, juste une réaction parfaitement normale à un taux d'intérêt inadapté.*

« *Un taux de 3 % est trop bas pour l'Espagne. Le rentier est défavorisé par rapport à l'entrepreneur. Nous avons ici une situation aux antipodes de celle en Allemagne. La croissance s'accélère, l'investissement, en particulier dans l'immobilier, est en plein boom, le taux d'épargne baisse, l'endettement s'envole, le déficit commercial se creuse, tandis que les entreprises délaissent l'international pour se concentrer sur le marché domestique. Et tout le monde de*

96. Jusqu'à la crise de septembre 2008 (note de l'auteur).

hocher la tête sur l'irresponsabilité des Latins, ce qui est aussi caricatural et stupide que de louer la vertu supposée des Allemands. » Et Charles Gave de constater que « *la banque centrale ne peut pas suivre deux taux naturels à la fois, à moins d'être atteinte d'un solide strabisme divergent.* »

Nous avons là une des explications de fond à la crise de la zone euro. Le ver était, comme on dit, dans le fruit. Les taux d'intérêt pratiqués par la banque centrale ont été trop bas. L'argument invoqué par Jean-Claude Trichet et les élites pour justifier l'euro et les contraintes qu'il a fait peser sur les économies du Sud et la France tenait en une phrase : « *Cela nous oblige à être vertueux, à ne pas avoir d'inflation, et les bas taux d'intérêt permettent de financer l'économie à bon marché.* » Ce n'est pas tout à fait exact. D'abord, il y a inflation et inflation. Celle des indices, effectivement, est restée stable. Celle du coût de la vie vécue, elle, est nettement plus importante. Tant la pondération des indices ne correspond plus à la réalité des modes de vie. Ainsi, en France, le logement n'entre que pour 7 % dans le calcul du coût de la vie. Bien des ménages aimeraient que leur loyer ou leurs remboursements ne pèsent que 7 % dans leur budget. Ensuite, la faible rémunération du capital, en Europe, a eu deux conséquences. D'une part, le petit épargnant, celui qui n'a pas accès aux produits intéressants, a vu son capital s'éroder de fait, surtout après impôts. D'autre part, l'investisseur a cherché des placements plus rémunérateurs, soit dans la spéculation à court terme, soit hors d'Europe. Quant aux entreprises, les taux réels consentis par le système financier aux PME n'avaient qu'un lointain rapport avec ceux de la BCE. Ce sont les banques qui ont profité de la politique de bas taux d'intérêt de la Banque centrale européenne, tout comme leurs collègues américaines ont profité des largesses de la Fed. Ajoutons enfin que la réglementation européenne a poussé les établissements financiers à investir dans les obligations d'État. Ainsi, lorsqu'une compagnie d'assurances française achetait une obligation de l'État grec, elle ne devait constituer aucune réserve obligatoire[97], puisque l'on considérait, au nom de la monnaie unique, qu'elle était aussi bonne qu'une obligation de l'État allemand. Pas de risque de dévaluation. Tout au plus, les taux pratiqués sur le marché étaient-ils plus élevés à Athènes qu'à Berlin. C'est ainsi qu'on a vu se développer, ces dernières années, une bulle des dettes souveraines, les institutions financières ayant intérêt à acheter des dettes du Sud, qui rapportaient plus, mais qui, en principe, ne présentaient aucun risque en nominal sur la valeur du capital. De toute façon, il y avait, grâce aux petits génies de la finance, une assurance... tous risques. Avec les désormais célèbres CDS (*Credit Default Swaps*).

Le CDS, c'est une prime d'assurance. Lorsqu'un investisseur achète une obligation de l'État grec, il n'y a, au départ, que deux parties à la transaction : l'État et l'acheteur. Si ce dernier craint que la Grèce ne puisse pas un jour rembourser tout ou partie, il a deux

97. Alors qu'elles sont obligées, lorsqu'elles achètent des actions, par exemple des grandes entreprises françaises, de constituer des réserves équivalentes à 100 % du montant investi. Voilà pourquoi l'argent des épargnants européens ne s'investit pas, à travers l'assurance-vie et autres fonds, dans les entreprises européennes, mais sur les obligations. Du coup, ce sont les investisseurs extra-européens qui rachètent peu à peu, à bon prix, les entreprises du Cac 40 et autres.

moyens pour s'en sortir. Soit vendre son obligation sur le marché, avec une décote plus ou moins grande qui est fonction de la croyance qu'ont les acteurs du marché en une possible défaillance de la Grèce. Soit s'assurer contre une telle éventualité, grâce aux CDS. Ceux-ci sont émis par les grandes institutions financières. Bien souvent, elles sont à la fois juges et parties, c'est-à-dire que lorsque leur main gauche achète de la dette grecque, leur main droite vend des CDS à la main gauche. Le CDS a une valeur définie par un marché totalement opaque, de gré à gré, non régulé, où se confrontent les opinions sur l'avenir de la dette grecque. Le CDS prend la forme d'un contrat, souvent d'une durée de cinq ans, où celui qui souscrit verse une prime annuelle. En septembre 2008, celle-ci était égale à 0,5 % du montant investi. À fin 2008, on était monté à 8 % et, à l'été 2011, à 24 % ! À titre de comparaison, le CDS sur la dette de la France à cette même époque était de 0,8 %.

Que s'est-il passé en 2009 ? La BCE, comme la Fed, ont ramené leurs taux courts à moins de 1 %, pour assurer notamment la liquidité interbancaire. Les banques ont alors acheté des dettes souveraines, dont les émissions explosaient avec la crise, les déficits budgétaires et commerciaux. Certes, les taux des Bund allemands ou même des OAT françaises n'étaient pas très attractifs (autour de 3 %). Les investisseurs institutionnels ont donc cherché une meilleure rentabilité, si possible sans risque. Ils ont acheté de la dette grecque, espagnole, portugaise… dont les taux étaient déjà nettement plus élevés, et le CDS, à l'époque, relativement faible. On croyait d'ailleurs à ce point qu'aucun État de la zone euro ne pouvait faire faillite, qu'il y avait, au départ, peu de recours aux

CDS. Ceux-ci ont commencé à grimper et à être utilisés lorsque, au milieu de l'année 2010, la crise de la dette grecque a éclaté au grand jour. Là où l'affaire se corse, c'est que le marché des CDS, on l'a vu, échappe à tout contrôle. Cet instrument d'assurance est devenu un produit spéculatif aux effets dévastateurs. Car il n'est pas obligatoire de détenir de la dette grecque ou autre, pour acheter un CDS, qui s'est transformé en valeur mobilière en soi, un marché sur lequel on spécule. Avec même des CDS de CDS. Les grands acteurs de la finance – que d'aucuns qualifieraient de grands requins – se sont intéressés à la Grèce dès la fin de 2009 : les fonds de John Paulson, le roi des *hedge funds*, et surtout Goldman Sachs, qui possède en plus la particularité d'être un *insider*. La banque en qualité de conseil du gouvernement grec depuis des années était particulièrement bien placée pour connaître la réalité de l'économie du pays[98]. Elle ne correspondait pas à ce que l'on avait « vendu » aux marchés et à la BCE. Elle savait que jamais la Grèce ne pourrait faire face à sa montagne de dettes qui s'accumulaient au fil des ans. Dès lors, ces acteurs bien informés pouvaient acheter massivement des CDS. Ce qui fait monter le différentiel de taux (le *spread*) entre la Grèce et l'Allemagne. La valeur du CDS grimpe, ils gagnent. Le taux d'intérêt de la dette grimpe, ils gagnent. Et si la Grèce fait défaut, ils gagnent en activant les CDS. Le

98. Goldman Sachs et JP Morgan avaient, dès 2001, vendu à l'État grec des instruments financiers permettant de camoufler une partie de la dette. Mario Draghi, qui va succéder à Jean-Claude Trichet à la tête de la BCE, était, de 2002 à 2005, un des dirigeants de Goldman Sachs en Europe. De quoi alimenter la rumeur selon laquelle la grande banque de New York, après avoir infiltré les institutions américaines, avait réussi à mettre la main sur l'Europe.

Premier ministre grec Georges Papandréou a eu cette belle formule qui résume tout: «*Le CDS, c'est comme quelqu'un qui prend une assurance incendie sur la maison de son voisin. Il a tout intérêt à y mettre le feu pour toucher l'assurance.*»

L'existence de ces CDS sur la dette grecque et autres n'a fait qu'aggraver la crise des dettes souveraines. Le surendettement des États du Sud, mais aussi ceux de la Belgique, de l'Irlande, de la France, résultent, on l'a vu, de la conjugaison de trois facteurs: une perte de compétitivité, aggravée par l'appartenance à une zone monétaire dont la devise est surévaluée, à cause de l'Allemagne; des déséquilibres commerciaux amplifiés par cette perte de compétitivité vis-à-vis du marché mondial et par la position dominante acquise sur nombre de segments de marché par les producteurs allemands; des recettes fiscales insuffisantes, les gouvernements de ces pays s'alignant sur l'idéologie ambiante du moins-disant fiscal. Tout cela, plus les bas taux d'intérêt de la BCE, s'est traduit par une envolée des déficits budgétaires et de l'endettement public. On a déjà connu de tels déséquilibres dans l'histoire. Les remèdes étaient connus et relativement simples: dévaluation de la monnaie, pour retrouver de la compétitivité et des recettes à l'export; plan de rigueur pour contenir les dépenses et compenser le renchérissement des importations. Le tout s'accompagnant, éventuellement, d'une restructuration des dettes. C'est ce qu'ont fait, dans les années 1990, la Corée du Sud, l'Argentine et, plus récemment, l'Islande. Tous s'en sont sortis, non sans sacrifices. Or c'est cette triade que l'on ne peut pas, que l'on ne veut pas, mettre en œuvre aujourd'hui dans la zone euro. Pourquoi?

D'abord, parce que la Grèce et les autres pays ont la même monnaie que l'Allemagne. La sortie d'un ou de plusieurs États ferait, nous dit-on, voler en éclats la zone euro. Or ceux-ci ne sont plus compétitifs, y compris dans la spécialité qu'on leur avait assignée : le tourisme et certains produits agricoles. Avec un euro surévalué par rapport à la zone dollar, au yuan et au yen, ces pays ne peuvent pas offrir le meilleur rapport qualité/prix. Pis ! Les Allemands, qui ont investi en Espagne ou en Grèce, ont du mal aujourd'hui à faire face à des coûts de maintenance, à des prix de services souvent plus élevés qu'en Allemagne. Beaucoup tentent de revendre leurs biens... Ils sont invendables. Ce n'est pas tant une question de prix, mais d'absence de demande : les classes moyennes n'ont plus les moyens de s'offrir des résidences secondaires, et surtout d'en payer l'entretien. Résultat : tout est gelé. Comment, dès lors, redevenir compétitif sans dévaluer ? Baisser les salaires de 30 %, 40 % ? Impossible. Voilà donc une première impasse pour résoudre la crise des dettes souveraines.

On pourrait, au moins, restructurer les dettes, reconnaître que la Grèce ne pourra pas rembourser ses 350 milliards d'euros correspondant à 150 % de son PIB. Pourquoi ne pas accepter que, d'une façon ou d'une autre, elle tire un trait sur une centaine de milliards d'euros ? Les créanciers accepteraient de n'être remboursés qu'à hauteur de 70 %. Cela s'est pratiqué moult fois dans le passé. D'autant qu'une telle perte serait répartie entre d'innombrables acteurs. Ainsi, une banque comme BNP Paribas n'a plus dans ses livres que pour 5 milliards d'euros brut de dettes publiques grecques sur un total de bilan de 2 200 milliards[99]. C'est, comme l'on dit, l'épaisseur du trait. C'est là qu'interviennent les CDS. Pendant des mois, on a amusé la galerie sans expliquer aux opinions publiques la réalité. Celles-ci ne comprenaient pas pourquoi on ne pouvait pas restructurer la dette des Grecs puisqu'ils ne pourront pas rembourser. Quitte, bien sûr, à leur demander des sacrifices en contrepartie. Elles ne comprenaient pas non plus pourquoi les contribuables devraient payer à la place des banquiers. C'est effectivement ce qui se passe depuis l'été 2010. Les 500 milliards d'euros du programme européen de Fonds de stabilité financière sont destinés à se substituer aux dettes que portaient les banques, au fur et à mesure des échéances de remboursement. Une fois de plus, le contribuable venait au secours des banquiers qui, après tout, avaient pris leurs risques, en contrepartie de taux d'intérêt élevés. Voilà pourquoi Angela Merkel, poussée par son électorat, a lâché son ami Joseph Ackermann qui lui expliquait, quasi quotidiennement, que les États devaient payer. Seuls. Elle a donc émis le souhait que le secteur financier participe, lui aussi, à l'effort. C'est là que le pot aux roses a été découvert. Si jamais on obligeait les banques à contribuer au refinancement des dettes publiques, grecques et autres, cela pouvait être considéré comme un *credit event*. Le monde financier a un indiscutable talent pour inventer des

99. L'exposition des banques françaises à la dette souveraine grecque était, à la fin juin 2011, de 15 milliards d'euros, et celle des banques allemandes de 23 milliards. En revanche, l'exposition totale, en englobant les dettes privées, est respectivement de 57 milliards et 34 milliards. Les banques françaises ont acheté des obligations des banques grecques qui ont elles-mêmes acheté des titres d'État.

termes incompréhensibles pour le commun des mortels, et même par ceux qui ont quelque expérience. L'« événement de crédit » n'est rien d'autre qu'un défaut de crédit, c'est-à-dire le moment où le débiteur annonce qu'il ne pourra pas honorer tous ses engagements. Qu'il s'agisse de la durée, ou même du montant du remboursement. Panique dans le microcosme de la finance mondiale ! Car, en cas de *credit event* sur la Grèce, l'effet domino est garanti. Ceux qui portent les CDS, et les CDS de CDS, devront payer. Mais qui les détient ? Et pour quel montant ? Nul ne le sait, tant ce marché est aussi opaque que ne l'était celui des *subprimes*.

Le marché mondial de tous les produits dérivés est estimé, on l'a vu, entre 600 000 et 700 000 milliards de dollars. Sur ce total, environ 10 % correspondent aux CDS sur les dettes des États et des grandes entreprises. Quelle est la part des CDS sur les dettes souveraines européennes ? Personne ne le sait, les estimations allant du simple au décuple. Sur la Grèce, certains parlent de 5,1 milliards d'euros, et d'autres de 50 milliards d'euros. Dans la zone euro, une fourchette de 1 800 à 2 200 milliards est avancée par les spécialistes de ce marché. Le *New York Times* a chiffré à au moins 616 milliards de dollars le montant des CDS sur les cinq PIIGS (Portugal, Italie, Irlande, Grèce et Espagne). Des montants qui n'ont bien évidemment plus rien à voir avec la petite dette grecque. Voilà pourquoi la Banque centrale européenne s'est opposée à Angela Merkel. Voilà pourquoi Nicolas Sarkozy, pourtant plutôt critique à l'égard des banquiers, est allé dans le même sens. Voilà pourquoi Barack Obama et Tim Geithner sont montés au créneau. Parce qu'il y a des CDS sur dettes européennes planqués dans la plupart des établissements financiers américains et les *hedge funds*, tant il est vrai que la spéculation est globale. Et que la globalisation de la finance fait supporter les risques des erreurs, des dérives, des nuisances par tout le monde. À commencer par les peuples.

La dévaluation impossible à cause de l'euro. La restructuration impossible parce que les banquiers menacent, s'ils sont mis à contribution, de faire sauter la planète. Ne reste donc que le troisième volet du triptyque : la rigueur. D'autant plus rude qu'elle ne peut pas s'accompagner des deux autres volets. Combien de temps les peuples des PIIGS et des autres supporteront-ils une telle politique – ou plutôt absence de politique ? En attendant une éventuelle explosion sociale, nos élites gagnent du temps. Elles cherchent à inventer de nouvelles formules toujours plus complexes : faire participer les banques, sans les faire participer, tout en les faisant participer. On cache la poussière sous le tapis. En croisant les doigts, en attendant le miracle : que les marchés deviennent vertueux, que les pays du G20, touchés par la grâce, se mettent d'accord sur une véritable réforme du système financier et monétaire international, et que l'Europe parvienne à résoudre ses contradictions. En attendant, le sort de l'Europe se joue à la roulette russe. À quitte ou double.

CINQUIÈME PARTIE

Une autre mondialisation

CHAPITRE XVII

Une grande puissance intermédiaire

La crise, quoi qu'on veuille nous faire croire, n'est pas derrière, mais devant nous. La globalisation échappe à ses démiurges. Pendant un quart de siècle, la Chine et son Parti communiste, les multinationales américaines, l'Allemagne et ses groupes industriels, les globocrates et financiers de tous les pays en ont amplement profité. Ils ont fait miroiter aux pauvres des pays émergents un accès rapide au bien-être et croire aux classes moyennes des pays industrialisés que les sacrifices qui leur étaient demandés n'étaient que provisoires. Demain, à nouveau, la globalisation permettrait de raser gratis. On a voulu ensuite nous convaincre que le surendettement des ménages, les bulles immobilières et autres étaient source de richesses. On a voulu enfin nous persuader que l'envolée des dettes publiques pouvait masquer l'atonie – pour ne pas dire la récession – d'économies exsangues. Aujourd'hui, le roi est nu. Il n'y a plus de pilote dans l'avion de l'économie mondiale.

La Chine et l'Allemagne ont encore une stratégie. Mercantiliste. Égoïste, en ce sens que les deux pays font passer leurs intérêts avant tout. Comment leur en vouloir? Reste qu'à présent l'une comme l'autre sont confrontées à une implosion du système global. La croissance chinoise, sa boulimie de matières premières, sa spéculation immobilière et boursière, sa distribution de crédits sans limites par les banques, les hausses inévitables de salaires, débouchent, bien évidemment, sur une inflation de moins en moins sous contrôle. Aux États-Unis, Barack Obama ressemble à une mouche dans un bocal. Prisonnier des lobbies, il ne sait plus comment relancer la machine, redonner sens au rêve américain, créer des emplois dignes de ce nom, tant les déficits et la dette explosent.

La crise n'est pas qu'une crise financière, fruit des délires des « gnomes » de la City et de Wall Street. Elle n'est pas non plus simplement une crise du modèle social des pays développés. Elle n'est pas uniquement la conséquence d'une gestion impécunieuse, voire irresponsable des finances publiques. Elle est un peu tout cela. Mais aussi et surtout la conséquence des déséquilibres persistants dans les échanges mondiaux. On ne peut pas avoir, d'un côté, deux pays en excédents commerciaux permanents, et de l'autre, des pays en déficits structurels. Les difficultés des États-Unis et de l'Europe, leur incapacité à créer des emplois et à relancer durablement leur économie sont dues, pour l'essentiel, à leurs déficits commerciaux. Depuis trois ans, la situation continue de se détériorer. Un rapport de la Banque mondiale révèle que, depuis l'été 2008, la production industrielle a augmenté de 20 % dans les pays émergents, et de 40 % en Chine. En revanche, l'industrie des pays dits développés, essentiellement l'Europe et les États-Unis, affiche un niveau d'activité encore inférieur de 9 % à ce qu'il était avant la crise. Les délocalisations s'accélèrent, avec une nouvelle vague d'investissements étrangers en Chine et dans les pays émergents.

Peut-on continuer avec un modèle d'entreprises occidentales sans usines en Occident, qui fabriquent et polluent ailleurs ? Un système où «*des esclaves fabriquent des produits vendus à des chômeurs*». Le trait est grossier, mais force est de constater qu'il n'en recèle pas moins une part de vérité. Une réduction drastique des déficits commerciaux, aux États-Unis comme en Europe, est la condition nécessaire pour retrouver la voie de la croissance et des créations d'emplois. Une telle stratégie passe, qu'on le veuille ou non, par une relocalisation d'activités manufacturières. Et quel que soit le nom dont on les affuble, par des mesures de protection temporaires. Au président des États-Unis, actuel et futur, d'imposer une telle orientation aux lobbies américains, et d'engager un dialogue franc et musclé avec le partenaire chinois. Il n'est de l'intérêt ni de l'un, ni de l'autre, de continuer dans la même voie. Pour la Chine, mieux vaut gérer une relative déglobalisation, plutôt que de se la voir imposer brutalement par des événements que plus personne ne maîtrisera. Aux Européens de comprendre qu'ils ne peuvent pas continuer à être les «bisounours» d'une globalisation qui se fera de plus en plus sur leur dos, s'ils ne réagissent pas. Quant à l'Allemagne, on ne saurait lui reprocher d'avoir une stratégie. On peut, en revanche, regretter que la France n'en ait pas une. Ou plutôt qu'elle n'en ait plus.

Il fut un temps où notre pays avait une stratégie de puissance, et une vision à long terme. L'État, les groupes industriels servaient, la plupart du temps, les intérêts collectifs, nationaux. Fonctionnaires, diplomates, chefs d'entreprise, salariés, tous travaillaient dans le même sens. Avec un objectif: exporter un maximum, en jouant sur les avantages que pouvaient avoir les produits *made in France*, grâce notamment à une étroite imbrication entre public et privé. C'était un modèle mercantiliste. Identique à celui que Chinois, Allemands, Russes développent aujourd'hui. Un modèle qui avait permis à notre pays d'acquérir des positions clés sur le marché mondial.

Ce modèle, nous l'avons progressivement abandonné. Sans jamais le dire vraiment. De quand date ce lent renoncement? Des années Mitterrand. Cet homme, qui avait vécu la défaite de 1940, «*s'était-il laissé gagner par l'idée, redevenue à la mode, que non seulement la France réduite à elle-même [...] ne faisait plus le poids, mais qu'elle ne pèserait plus désormais à l'échelle du monde que par le biais de l'Europe et par la magie des institutions*[100].» À partir des années 1980, on va donc assister à un infléchissement progressif du comportement des élites françaises. On ne parle plus de la France, mais de l'Europe. De la place de la France dans le monde, mais de la place de l'Europe dans le monde. La France n'existe plus, mais l'Europe serait à l'image de la France. Elle transfère ses ambitions dans un ensemble plus vaste que nous construisons à notre image. Comme nous sommes, bien sûr, les meilleurs, les autres ne peuvent qu'adopter notre façon de voir les choses, et accepter, eux aussi, de se couler dans ce nouveau moule.

C'est ainsi que nous avons progressivement abandonné des pans entiers de souveraineté nationale. La monnaie en est l'exemple le plus frappant, mais tout

---

100. Jean-Pierre Chevènement, *La France est-elle finie?*, Fayard, 2011.

ce qui touche à la culture et à la présence de la France dans le monde a été gangréné. Lorsque le temps des restrictions budgétaires est venu, le phénomène n'a fait que s'amplifier. C'est ainsi que la francophonie s'est réduite comme peau de chagrin et que ses meilleurs défenseurs sont aujourd'hui hors de France. C'est ainsi que les Alliances françaises sont réduites à la portion congrue et vivent d'expédients et de bouts de chandelle. Comme si notre pays n'éprouvait plus le besoin de rayonner, alors que les Goethe Institute ou les Instituts Cervantes se multiplient. C'est ainsi que la diffusion internationale de la presse française est la risée de toute l'Europe. Comme si la France ne croyait plus dans le rayonnement de sa culture, puisque la culture européenne serait forcément française. On réduit la taille des ambassades, on en ferme même, ou on les partage avec l'Allemagne. Reconnaissons aussi qu'après les passages de Philippe Douste-Blazy et de Bernard Kouchner, le Quai d'Orsay ressemble à un champ de ruines. Que dire de notre politique de renseignement, pardon d'« *intelligence* », comme disent les Anglo-Saxons ? Pourquoi espionner nos partenaires, qui sont nos amis ? Pourquoi aider nos grandes entreprises dans la conquête de marchés, puisque l'État n'a pas à se mêler d'affaires privées ? Plus question de favoriser des entreprises nationales dans des appels d'offres. Plus question de fermer les yeux sur les commissions que nos groupes sont toujours obligés de verser s'ils veulent obtenir des marchés à l'étranger. Plus question de ne pas appliquer à la lettre telle ou telle directive européenne, même si elle est absurde.

Le résultat d'un quart de siècle de cette idéologie dominante se retrouve dans les chiffres de notre commerce extérieur. Les grands contrats ont fondu comme neige au soleil. Nous perdons des parts de marché, et sommes peu à peu éliminés de domaines où nous avions pourtant une excellence reconnue. Insensiblement, sous l'influence de l'idéologie néo-libérale anglo-saxonne, relayée par la plupart des médias, la France a abandonné sa stratégie de puissance. Du coup, nos industriels ont joué en ordre dispersé. Parce qu'il n'y avait plus de vision au sommet, tout l'appareil d'État s'est mis à tanguer. Pourquoi s'inquiéter puisque la France et l'Europe c'est désormais la même chose ? Ce qui est bon pour l'une est bon pour l'autre. Ne sommes-nous pas destinés à tous fusionner dans un même ensemble ? Malheureusement, non. La nation européenne n'existe pas. Compte tenu de l'évolution des choses, surtout depuis l'élargissement, ce n'est pas demain qu'elle verra le jour. Dès lors, on est confronté à cette réalité : celle d'une Europe où chaque nation est certes prête à partager certaines choses, mais entend défendre férocement ses intérêts. C'est ce qu'a toujours fait la Grande-Bretagne. C'est ce que fait aussi l'Allemagne. Quant à la France, son mirage européen lui coûte cher. Elle a lâché la proie pour l'ombre. Non seulement l'Europe ne s'est pas muée en une Europe puissance, mais les vues françaises y sont devenues largement minoritaires. Les Anglo-Saxons, les Allemands, les petits pays, par un lobbying actif, ont pris de plus en plus d'influence. Nous leur avons progressivement abandonné le terrain.

Sans doute aussi parce que le sentiment national était devenu parmi nos élites quelque chose d'incongru, voire de haïssable. Haro sur les souverainistes ! Haro sur tous ceux qui refusaient de dissoudre la nation dans un « machin » européen, sans identité et sans stratégie ! « *La haine de la nation, c'est l'internationalisme des imbéciles.* » L'économiste Jacques Sapir a la dent dure, mais il a raison sur ce point. Cette idéologie dominante a, pendant deux décennies, miné notre pays. Comment aurait-il pu mener une stratégie à long terme ? Comment ses élites auraient-elles pu y participer, dès lors qu'elles refusent l'idée même de nation ? Avec une haute fonction publique démotivée, des élites mondialisées qui – ce n'est pas nouveau – détestent la France, et surtout les Français. Avec une classe dirigeante, qui se clone, et des managers de grands groupes qui, la plupart du temps, ne sont pas de vrais entrepreneurs. On ne dira jamais assez combien le processus de nationalisation-reprivatisation a nui à l'industrie française. On ne dira jamais assez combien l'imbrication entre les banques et les grandes entreprises s'est finalement révélée néfaste.

C'est là une des grandes différences avec l'Allemagne. « *Nous n'avons pas de grosses PME, mais nous avons le CAC 40. Nous avons plus d'entreprises dans le Top 500 mondial que les Allemands.* » C'est vrai ! À ceci près que nos managers, issus de la fonction publique, ont développé des stratégies d'entreprise, qui privilégient l'exportation de capitaux plutôt que de produits, le rachat de firmes à l'étranger plutôt que l'implantation d'usines[101]. Comment ne pas comparer les stratégies de Renault et de Volkswagen ? La première a racheté Dacia et sauvé Nissan en prenant une participation dans son capital. La seconde, qui a aussi ses marques, mise sur l'implantation d'usines

101. La balance des IDE (investissements directs étrangers) de la France est systématiquement négative. Depuis 1997, le déficit cumulé est de 604 milliards d'euros.

qu'elle contrôle. Ce parallèle ne concerne pas seulement l'automobile. Les grands groupes français sortent du cash pour acheter des firmes, des parts de marché, mais les retombées de bénéfices vers la maison mère et le pays d'origine sont ensuite quasiment nulles. Les groupes allemands contrôlent l'ensemble de la chaîne de production et font en sorte qu'une part non négligeable de la valeur ajoutée soit réalisée sur le territoire allemand.

Les groupes français, eux, ont fait travailler les banques, leurs départements fusions-acquisitions, les spécialistes des montages de crédit... Le système bancaire français a incontestablement une expérience en ce domaine. Tout cela s'est fait au détriment d'une stratégie plus industrielle. D'autant que les profits générés par les montages financiers et les acquisitions sont le plus souvent externalisés hors de France. Comment ne pas comparer, sur vingt ans, le destin de Siemens et celui d'Alcatel-Alsthom ? Les deux groupes pesaient à peu près la même chose et étaient présents sur les mêmes créneaux. Les Français ont pris un malin plaisir à dépecer Alcatel-Alsthom, avec au passage quelques enrichissements personnels hors normes. Puis Alcatel est devenu le chantre de l'entreprise sans usines, fusionnant avec l'américain Lucent. Le groupe, un des leaders mondiaux de la téléphonie, n'est plus aujourd'hui qu'un vendeur de produits chinois. Quant à Alstom, il a fallu l'intervention de l'État, lorsque Nicolas Sarkozy était ministre de l'Économie, pour qu'elle ne soit pas rachetée à la casse par Siemens. Aujourd'hui, Siemens c'est 76 milliards d'euros de chiffre d'affaires, et le cumul d'Alcatel et d'Alstom... 37 milliards. Magnifique exemple de *mismanagement* !

La responsabilité du grand patronat – du moins de ces managers non entrepreneurs – n'est pas mince dans la désertification progressive du paysage industriel français. Comment faire en sorte que ces grands groupes se montrent un peu plus citoyens à l'égard de leur pays d'origine ? Comment faire pour qu'ils se comportent un peu plus comme les Allemands et un peu moins comme des financiers anglo-saxons ? Comment faire pour qu'ils pensent un peu plus aux intérêts collectifs et un peu moins à leurs stock-options, et aux impératifs de *return on equity* de leurs actionnaires ? C'est là un des sujets majeurs pour l'avenir de la France.

La France doit retrouver, en l'adaptant au goût du jour, une stratégie mercantiliste dont nos grands groupes sont un des éléments. Elle doit défendre ses intérêts. Et expliquer à ses partenaires européens que l'Europe ne saurait être la variable d'ajustement de la globalisation, le petit naïf sur le dos duquel les autres se font une santé. Cela passe, bien sûr, par une réflexion de fond sur le protectionnisme. Ce n'est pas parce que Marine Le Pen dit que la Terre tourne autour du Soleil qu'elle a tort. Ce n'est pas parce que le Front national s'est emparé d'une idée qu'elle est forcément mauvaise. Il faut sortir des caricatures et des anathèmes. Le protectionnisme n'est pas une panacée, une fin en soi. Tout comme le libre-échangisme n'est pas l'horizon indépassable de l'humanité. L'homme a besoin d'échanger, de communiquer : de la confrontation naît le progrès. Mais l'homme a aussi besoin de sécurité. Il ne peut pas être en risque permanent et absolu. Pour construire, penser le long terme, il faut un minimum de stabilité. C'est vrai pour toutes les activités humaines. Tout est une question d'équilibre entre la nécessaire protection et les indispensables échanges. Dès lors, on peut envisager de manière plus sereine la question du protectionnisme. Avec une idée-force : lorsqu'on accède au pouvoir, le mot protectionnisme doit être banni. Il faut y penser toujours, n'en parler jamais et le pratiquer quand c'est nécessaire. À l'image de ce qu'à Berlin, Pékin et Washington on a toujours fait.

La séquence électorale qui s'approche – présidentielle en France en mai 2012, aux États-Unis en novembre, législatives en Allemagne en 2013, changement d'équipe à Pékin à l'été 2012 – sera dominée par la question de la création d'emplois et du sauvetage des classes moyennes occidentales. Or, nous l'avons vu, il n'y aura pas de création d'emplois sans une autre mondialisation. Plus facile à dire qu'à faire, nous dira-t-on. À ceci près que cette autre mondialisation, qui passe par une déglobalisation, a déjà commencé, même si nous ne le savons pas encore.

CHAPITRE XVIII

De la symbolique des tsunamis

Le 11 mars 2011, à 16 h 30 GMT, un tremblement de terre de magnitude 9 provoque un des plus graves tsunamis de l'histoire de l'humanité, sur la côte est du Japon. Plus de 20 000 morts, plus de 300 milliards de dollars de dégâts, et surtout la catastrophe nucléaire de Fukushima qui s'ensuit, font de ce raz de marée un des événements majeurs de ces derniers siècles. On n'en a pas encore conscience, mais il y aura un avant et un après-Fukushima. Tout comme il y eut, au XVIIIe siècle, un avant et un après-Lisbonne.

Le 1er novembre 1755, la plupart des habitants de la capitale du Portugal sont dans les églises. C'est le jour des Morts. Ils prient. À 9 h 55, trois secousses telluriques font vaciller les fondations des maisons. Quelques minutes plus tard, un tsunami avec des vagues de dix mètres ravage la ville. Il y aura plus de 60 000 morts. La catastrophe choque profondément les esprits dans toute l'Europe. Comment ce Dieu omniprésent, dont on pensait qu'Il décide de chaque chose, a-t-il pu permettre qu'un tel malheur frappe de bons chrétiens en pleine messe ? De là date une rupture philosophique, politique, économique.

Le désastre de Lisbonne amène les philosophes à se poser des questions. Voltaire en fit même le thème d'un célèbre poème. Si Dieu, dans son infinie bonté, n'est pas à l'origine de ce drame, c'est donc qu'il y a d'autres éléments, d'autres forces qui ne relèvent pas du divin. Lisbonne annonce, en fait, la Révolution française, la fin de la mainmise de la religion, le passage à l'ère de la modernité. La science, le capitalisme industriel, le développement des échanges vont se substituer à une société autocentrée.

Tout comme l'attentat du 11 septembre 2001 contre le World Trade Center a marqué la fin de l'hégémonie et de la toute-puissance américaine, le tsunami japonais illustre les vulnérabilités d'un système économique globalisé. Un mystère planait, depuis deux décennies, sur les statistiques économiques mondiales. Le commerce augmentait trois à quatre fois plus vite que la croissance. La raison ? L'optimisation, qui a poussé les multinationales à saucissonner les produits en de multiples sous-ensembles. Plus question de tout faire, ou presque, sur un site. Mais, pour chaque composant, il fallait trouver, aux quatre coins du monde, le meilleur rapport qualité/prix. On a assisté à une spécialisation à outrance. Une noria de bateaux, de camions, d'avions transportant d'une usine à l'autre des sous-ensembles, qui finissent par atterrir dans un ultime site d'assemblage, avant d'être acheminés sur les lieux de consommation. Voilà pourquoi le commerce mondial, le transport ont connu une telle croissance. Avec des conséquences en chaîne sur la consommation d'énergie, la pollution, l'émission de gaz carbonique. Avec des effets pervers, ces sites d'assemblage étant, pour la plupart, installés dans des pays où les réglementations fiscales, sociales, environnementales sont les moins contraignantes.

Le Japon a été l'un des premiers à s'engager dans ce processus. En concentrant sur son territoire quelques unités de fabrication de composants stratégiques pour les grandes filières industrielles, comme l'automobile ou l'électronique. Les techniques de management, privilégiant le flux tendu, améliorant les performances financières. L'économie mondialisée est devenue un gigantesque réseau, greffé sur Internet, aux innombrables arborescences. Un réseau qui défie souvent le plus simple bon sens. Pourquoi importer, en Europe, des haricots verts du fin fond de la Chine ? Pourquoi multiplier les sites, les transports, avec tous les risques que cela implique dans la chaîne de production ? Pourquoi dépendre d'un seul fournisseur de composants ? Pourquoi faire transiter tant de marchandises, même fictivement, par certaines îles dites offshore, ou des pays comme l'Irlande ? Autant de questions qu'il ne fallait pas, qu'on ne voulait pas se poser.

Avec le tsunami, ce sont les acteurs mêmes de cette globalisation qui commencent à s'interroger. Les ruptures d'approvisionnement, l'arrêt des usines, parce qu'un simple atelier de Sendai a été rayé de la carte, mettent au jour toute la fragilité de cette économie globalisée. La peur insidieuse de la contamination nucléaire ajoute à l'inquiétude des populations mondiales. Un peu partout, on contrôle désormais la radioactivité des containers en provenance du Japon. Qu'il y ait le moindre signe de contamination et l'on rejette les marchandises. Ce monde énergivore a besoin de toujours plus d'électricité. Le nucléaire n'était-il pas la panacée ? Las ! Il y avait eu Tchernobyl. Mais on rejetait la faute de cet accident sur le système soviétique totalitaire, incapable d'assurer la sécurité d'une technologie aussi complexe. Mais là, il s'agit du Japon, une des plus grandes puissances technologiques et industrielles du monde, qui va montrer une double incompétence. Avant et pendant la catastrophe. Tepco, la société privée gestionnaire de la centrale, est une caricature de ce capitalisme qui privilégie le profit à court terme, au détriment de l'investissement à long terme et de la sécurité. On a eu droit, pendant des semaines, à toute la panoplie de ce qu'un système à bout de souffle peut produire de pire : mensonges et langue de bois, sous-évaluation des risques. Avec, *in fine*, l'incapacité à trouver les volontaires, les « nettoyeurs », qui, au péril de leurs vies, devaient intervenir sur le site. À croire que l'économie globalisée a fait disparaître l'esprit samouraï. Seuls quelques septuagénaires se déclarèrent prêts à jouer les kamikazes. Fukushima et la gestion aberrante de cette crise par les autorités japonaises sonnent le glas de la filière nucléaire. Quoi qu'en disent les nucléocrates. Une nouvelle donne énergétique va peu à peu émerger. Moins de transport. Plus d'économies d'énergie. Relocalisation d'un certain nombre d'activités. Meilleure maîtrise des filières par les grands groupes industriels. Moindre dépendance à l'égard de fournisseurs uniques. Le monde va changer de fondamentaux. Nous n'allons pas assister à une démondialisation sauvage, mais à une autre mondialisation, dont le scénario reste pour partie à écrire.

Cette déglobalisation se nourrit également d'un besoin de sécurité, notamment de la part des populations occidentales. D'abord, sécurité des produits alimentaires. Les alertes se multiplient. De la vache folle, hier, aux nouvelles bactéries agressives, le consommateur s'interroge sur ces chaînes excessivement complexes de produits alimentaires, dominées par les géants de la grande distribution. À mesure que l'on a multiplié les normes sanitaires, les salles blanches, calibré les fruits et les légumes, normé les produits en les rendant de plus en plus insipides, on s'aperçoit que les risques augmentent. Dans des sociétés dominées par la peur et le principe de précaution, aux consommateurs de moins en moins mithridatisés, la multiplication des incidents de la chaîne alimentaire débouche sur de nouvelles approches. Déjà, des associations de producteurs et de distributeurs privilégient le produit de proximité. Des circuits courts, avec moins d'intermédiaires, et donc moins de risques de contamination.

Autre cas de déglobalisation en cours : le tourisme. Malgré la mondialisation, le nombre de pays qui se ferment aux touristes ne cesse d'augmenter. C'est, pour le moins, un paradoxe. Non pas que la plupart des États ferment leurs portes. Ce sont plutôt les touristes et les tour- opérateurs qui ne veulent pas prendre de risques. Or les destinations insécures se multiplient. Le Proche-Orient, bien sûr. Toute la rive sud de la Méditerranée. L'Afrique. Le Yémen, le Soudan, l'Éthiopie. L'Amérique centrale, Mexique en tête, dominée par les narcotrafiquants, est devenue un coupe-gorge. Les Antilles, anglophones comme francophones, ne réservent pas toujours au « touriste blanc » l'accueil qu'il est en droit d'attendre. Le Japon ? Difficile à vendre à cause de la catastrophe de Fukushima. Le Pakistan et l'Afghanistan ? Pas question. La Grèce ? Le touriste risque d'être pris en otage par des grévistes. Jusqu'aux volcans qui, de l'Islande au Chili, se réveillent et rendent le transport aérien aléatoire. J'exagère ? À peine. Il suffit d'entrer dans une agence de voyages pour constater le rétrécissement des marchés et des destinations. Là aussi, la déglobalisation a commencé, les touristes ayant tendance à privilégier la proximité, la sécurité.

Il est, enfin, un secteur où il serait vital d'amorcer une déglobalisation : celui de la finance. La grande masse des épargnants a besoin de sécurité. L'essentiel, pour eux, n'est pas de gagner, d'avoir des taux de rentabilité mirifiques, mais de préserver le capital qu'ils ont eu tant de peine à accumuler. Or l'histoire se répète. Après les *subprimes*, dont les financiers avaient saupoudré les portefeuilles de leurs clients, on découvre que les dettes souveraines ont été disséminées dans bien des contrats d'assurance-vie. Si l'on veut éviter de nouvelles catastrophes financières et l'évaporation pure et simple d'une partie du capital des classes moyennes occidentales, il faut redonner du sens à la notion de sécurité et aux placements à long terme. Revenir à des notions simples et de bons sens de transformation de l'épargne. Réduire, là aussi, le nombre d'intermédiaires. Privilégier la transparence et la proximité, plutôt que les produits complexes et exotiques.

Pour déglobaliser la finance, des mesures coercitives devront être prises. L'idéal serait qu'elles le soient au niveau mondial, mais on peut déjà essayer d'appliquer quelques recettes en Europe. L'objectif primordial est de réduire drastiquement le marché des produits dérivés. On pourrait commencer par interdire les CDS sur dettes souveraines. Généraliser la taxe sur les transactions financières. L'économie financière se nourrit des allers-retours qui créent des bulles. Elle vit avec de petits écarts sur de gros volumes. D'où la progression exponentielle des échanges sur ces marchés virtuels. Il faut que chaque transaction coûte un peu plus cher aux opérateurs financiers et que le produit de cette taxe contribue au désendettement des États. Ces derniers, qu'on le veuille ou non, sont dans les États démocratiques l'émanation des intérêts collectifs. C'est donc à eux, et aux institutions légitimes, démocratiques, de mettre en place des réglementations coercitives. «*Le monde a basculé dans la spéculation financière. Il faut la limiter*», demande Valéry Giscard d'Estaing, dans une interview aux *Échos*[102]. Il prône un retour à «*un concept de mondialisation plus sain et plus réfléchi [...] Il faudrait réaliser une dépollution du système bancaire*». Et l'ancien président de jouer les Cassandre: «*Le retour au protectionnisme ne sera pas pour cette fois, mais lors de la prochaine crise. D'un seul coup, la logique de la mondialisation apparaîtra alors inadaptée.*»

La finance est devenue trop puissante. Elle est une menace pour nos démocraties, pour nos modes de vie. Le balancier doit repartir dans l'autre sens. Si nous ne parvenons pas à organiser cette attrition, les peuples s'en chargeront. Comme ils l'ont toujours fait dans l'histoire, lorsqu'un groupe social, une caste, une oligarchie abuse de ses pouvoirs. Le drame étant que ces révoltes, ces explosions débouchent parfois sur le pire. Après 1789, il y eut la Terreur. Après les mencheviks, il y eut les bolcheviks. Sans oublier ce qui s'est passé en Allemagne après 1933. La mise au pas de la finance est une œuvre de salubrité publique.

102. *Les Échos*, 26 mai 2011.

La France, sur ce chapitre, est en pointe au sein du G20. Il est vrai que nos représentants sont un peu en porte à faux face à ceux des BRICS (Brésil-Russie-Inde-Chine-Afrique du Sud) ou des Américains, qui ne perçoivent pas encore tous les risques que ce capitalisme financier fait courir au monde[103]. S'il est vrai qu'Obama a plié devant Wall Street, remarquons aussi que les Britanniques, eux, ont été plus courageux. Ils tentent d'appliquer un Glass Steagle Act chez eux, et la Banque d'Angleterre semble un peu moins inféodée au système financier. Le salut viendra-t-il d'Albion? Peut-être. Mais il viendra aussi, et surtout, d'une véritable entente franco-allemande sur le sujet.

103. Les banques d'affaires américaines proposent désormais aux entreprises un nouveau produit: Accelerated Share Reportchain. Il s'agit de vendre à découvert des actions d'une entreprise pour faire baisser le cours, puis de racheter à bas prix, pour le compte de l'entreprise, ces mêmes actions. Un vrai délit d'initiés. Pourtant, la SEC n'y a rien trouvé à redire.

CHAPITRE XIX

La France a-t-elle encore un destin ?

Au lendemain de son élection, le prochain président de la République aura une tâche prioritaire : organiser un séminaire franco-allemand réunissant les forces vives de chaque pays, toutes tendances politiques confondues. L'heure de vérité est venue. Ce vieux couple veut-il encore vivre ensemble ? Est-il prêt à signer pour un nouveau bail ? À poursuivre et à approfondir la vie commune ? A-t-il un nouveau projet pour l'Europe ? Nous avons bien des contentieux, bien des non-dits. Tout doit être mis sur la table. Cela implique, pour les Français, de « comprendre l'Allemagne », pour reprendre le terme de Jacques Attali. On peut effectivement comprendre qu'elle n'ait pas envie de payer pour les autres, de mettre en péril sa stabilité en finançant les déficits de nations qui n'ont pas fait les mêmes efforts. Mais il faut aussi « lui faire comprendre » qu'elle est sur le même navire que les mauvais élèves de la classe européenne. Et qu'elle a peut-être plus à perdre si elle veut jouer cavalier seul. Soit nos deux pays parviennent à surmonter leurs divergences, à comprendre l'autre. Et à accepter cette altérité. Soit il faut organiser un divorce à l'amiable.

Entre partenaires responsables. Qui dit divorce ne dit pas forcément guerre ouverte. Nous pouvons aussi continuer de « gérer » en commun les enfants nés du couple. Pas question de rétablir les frontières entre nous. Mais désormais, plutôt que de privilégier avant toute chose l'accord avec l'autre, chacun prendrait des décisions de manière plus autonome. N'est-ce pas ce que l'Allemagne a déjà commencé à faire ?

Le choix d'un divorce à l'amiable aurait une première conséquence. Nous ne pourrions plus avoir la même monnaie. Du moins, pas avec les mêmes parités qu'actuellement. Un tel divorce impliquerait un éclatement de la zone euro. Ce qui, au passage, permettrait aux pays du Sud, voire à la France, de pratiquer une dévaluation, condition nécessaire pour améliorer leur compétitivité. Rien n'empêcherait ensuite de retrouver une monnaie commune, qui cette fois ne serait plus unique, avec un serpent monétaire, permettant des fluctuations dans certaines limites. Nous aurions alors, en haut de la fourchette, un euro/Deutsche Mark, au centre un euro/franc, et en bas une sorte d'euro du Sud avec drachme, peseta et escudo. Certes, détricoter l'euro serait une tâche complexe, notamment pour la gestion des dettes passées. Mais il importe, au moins, d'y réfléchir, pour avoir toujours à l'esprit un plan B, voire un plan C. Tant il est vrai que l'on ne peut pas négocier sans avoir plusieurs alternatives. Plusieurs fers au feu.

Oui, la France souhaite que le couple franco-allemand perdure. Mais pas à n'importe quelles conditions. Certains, y compris chez nos compatriotes, voudraient nous faire croire que nous n'avons plus d'autres choix que de coller à l'Allemagne et d'être son premier vassal. À nos voisins, l'industrie au sens large, les biens d'équipement, l'exportation. À nous, l'art de vivre, la culture, les bons produits alimentaires, les services à la personne, le tourisme, le luxe et quelques niches industrielles de-ci de-là. Nos banques, plus performantes que leurs homologues d'outre-Rhin, pouvant apporter leur expertise aux entreprises allemandes. Berlin serait ainsi au centre d'une Europe allemande. Avec la Russie, fournisseur énergétique privilégié, son hinterland à l'Est pour la fabrication de ses sous-ensembles industriels et la France qui assurerait tout ce que l'Allemagne ne veut pas ou ne peut pas produire. À commencer par un certain art de vivre. C'est une option. Elle ne saurait satisfaire tous ceux qui partagent une certaine idée de notre pays et du rôle qu'il peut encore jouer sur la scène internationale. C'est dire que la prochaine élection présidentielle sera cruciale. Et que la campagne électorale devra se focaliser sur les vrais enjeux, et non sur l'accessoire. Il ne suffit pas de privilégier une société du *care*, que nous n'avons plus les moyens d'assumer. Ou de se focaliser sur une rigueur parfaitement absurde, s'il s'agit de la rigueur pour la rigueur. De vouloir « faire payer les riches » – d'ailleurs qu'est-ce qu'un riche ? – ou de supprimer mécaniquement le nombre de fonctionnaires. Il faudra, peut-être, faire l'un et l'autre. Encore faut-il que cela s'inscrive dans un projet global, au service d'une ambition collective.

Pouvons-nous encore maîtriser notre destin, et comment ? Certes, il est tard, bien tard pour réagir. Les dirigeants, les élites, mais aussi l'opinion publique ont fait, depuis deux décennies, la sourde oreille aux quelques rares voix qui mettaient en garde contre les excès du capitalisme financier, la liquidation de pans entiers de l'industrie, et l'élargissement d'une

Europe ouverte à tous les vents. Idem pour ceux qui dénonçaient ces deux boulets que sont les trente-cinq heures et l'impôt de solidarité sur la fortune que la France s'était attachés aux pieds, au moment où la guerre économique s'exacerbait. Une fois de plus, notre pays s'est retrouvé à contretemps du tempo de l'économie mondiale. C'est ainsi ! Est-ce une raison pour baisser les bras ?

Redéfinir une stratégie de puissance, retrouver des marges de manœuvre, implique d'abord d'être parfaitement informés de ce qui se passe ailleurs. De savoir décrypter les stratégies des autres. Du moins pour ceux qui en ont. C'est sortir d'une vision purement sociale et économiste des choses, au profit de la géostratégie. C'est affirmer la primauté du politique sur les lobbies. C'est, enfin, expliquer à la population que tout n'est pas possible. Que l'on ne peut plus se permettre un certain nombre de choses, à commencer par ce principe de précaution qui devient un carcan pour l'initiative et le progrès. Il y a un moment où nos sociétés doivent effectuer des choix, faire passer l'intérêt de la majorité avant celui d'une minorité, quelle qu'elle soit. La culture du minoritarisme, qui aboutit à ce que le plus petit élément d'une collectivité impose ses normes au plus grand nombre, n'est plus possible. Tout simplement, parce que nous ne pouvons plus payer. Ainsi en va-t-il de la réglementation des nouveaux logements pour l'accessibilité aux handicapés. Que des zones, notamment en rez-de-chaussée, soient aux normes pour les handicapés est indispensable. Mais que tous les logements soient construits selon ces normes représente un surcoût absolument déraisonnable pour la collectivité. On a suréquipé les communes en matière d'éclairage public. Bien des zones n'ont pas besoin de telles illuminations. Idem, pour les ronds-points. Toutes ces dépenses ont été faites au détriment de la recherche, de l'éducation, d'actions extérieures pour le rayonnement de la France. Elles ont nui à notre compétitivité.

Redéfinir une stratégie implique d'avoir une vision réaliste de la situation de notre pays. Ni optimiste. Ni pessimiste. Il faut arrêter de s'autoflageller systématiquement. Encore ne faut-il pas tomber dans l'optimisme béat. Une bonne démographie, des autoentrepreneurs dynamiques et une épargne abondante ne suffiront pas à ce que la France demeure une « grande puissance intermédiaire ». Toute stratégie doit se fixer un triple objectif : réduire les déficits commerciaux et budgétaires ; préserver le capital des Français ; créer des emplois dignes de ce nom pour la jeunesse. Trois objectifs qui peuvent être atteints par une série d'actions prioritaires. Les unes, notamment en matière fiscale, nécessiteront de longues négociations avec nos partenaires européens. Les autres ne dépendent que de nous.

La France ne peut pas abandonner l'industrie. En vingt ans, la part de l'industrie manufacturière dans la valeur ajoutée est revenue de 22 % à 16 %. En Allemagne, elle se maintient à 30 %. C'est l'industrie qui tire l'innovation et les exportations. Quatre-vingt-cinq pour cent des dépenses de R&D des entreprises françaises sont réalisées dans l'industrie, qui représente 80 % des ventes de biens et de services à l'étranger. Sans industries solides, le secteur des services aux entreprises (16,6 % du PIB) va peu à peu disparaître. On pourrait dire la même chose de l'agriculture. Dans ces deux secteurs, notre pays a une légitimité qu'il ne doit pas l'abandonner.

Il faut garder nos champs en activité et conserver des usines modernisées d'où sortiront des produits incorporant beaucoup d'innovation et ciblés sur des marchés bien précis. En sachant utiliser nos marques, ou ce qu'il en reste, et en y associant les villes et régions concernées : par exemple, la porcelaine de Limoges, la coutellerie de Thiers, les chaussures de Romans ou les gants de Millau. Dans l'agroalimentaire, les produits de beauté, nous avons commencé à le faire. Ce processus doit s'étendre à des biens de consommation et d'équipement. On n'empêchera pas les délocalisations, mais on peut en revanche relocaliser la fabrication des produits de demain, dans des usines modernisées, économes en énergie, avec des personnels qualifiés. Des produits de qualité, ayant une faible empreinte en CO_2.

La notion de filière industrielle est plus que jamais d'actualité. L'aéronautique, l'espace, le nucléaire font vivre des centaines de PME souvent détentrices d'un savoir-faire de haute technologie. Derrière de grandes entreprises foisonne un tissu entrepreneurial qui irrigue le territoire. Qu'un de ces géants vienne à défaillir, change d'actionnaires ou de stratégie, et c'est toute une filière qui s'effondre avec des dizaines de milliers d'emplois qualifiés qui s'évaporent, un savoir-faire qui disparaît, des exportations qui se transforment en importations. On ne dira jamais assez la catastrophe qu'ont été l'absorption de Pechiney par Alcan ou la vente d'Arcelor à Mittal. Au-delà de ces entreprises, ce sont des filières entières qui s'évanouissent. On ne dénoncera jamais assez la politique suicidaire menée par Serge Tchuruk à la tête d'Alcatel. Comment ne pas évoquer la responsabilité de Renault dans la contraction spectaculaire de la balance commerciale de l'automobile ? Il ne faudrait pas que de telles erreurs se répètent. À cet égard, la France doit tout faire pour conserver un accès aux matières premières (uranium, terres rares, nickel...) qui seront, à l'économie du XXIe siècle, ce que le pétrole a été à celle du XXe. C'est dire que Eramet, comme Areva, doivent rester dans le giron national.

Il y a une sorte de consensus désormais dans notre pays, pour vanter le mérite des PME. Il faut, bien évidemment, revivifier le tissu entrepreneurial. Mais ne nous leurrons pas, cela prendra beaucoup de temps et nécessitera une évolution des mentalités. D'abord, de la part des grandes entreprises industrielles, du CAC 40, du secteur financier. Trois anciens dirigeants[104] ont mis le doigt sur les dérives de l'externalisation de la sous-traitance dans des pays émergents à faible coût de main-d'œuvre. Dans la compétition internationale où «*il faut gagner sur les 100 % de la chaîne de valeur, plus aucune entreprise ne peut gagner seule. La compétitivité se joue désormais au niveau de l'entreprise étendue*». Ces trois industriels pensent qu'une «*autre voie doit être privilégiée, permettant de garder l'emploi en France et en Europe et d'augmenter la valeur ajoutée des sous-traitants. Les entreprises doivent étendre la numérisation de leurs processus internes à leurs fournisseurs, et pas seulement à ceux de premier rang*». Et ce, «*pour faire fonctionner l'entreprise étendue comme une seule entreprise en tirant parti du meilleur de chacun de ses acteurs*». *Le numérique*, expliquent-ils, *apporte*

104. «Une industrie nationale plus compétitive, c'est possible !», point de vue de Pierre Faure, Henri Martre et Jean-Michel Yolin. *Les Échos*, 25 mai 2011.

des innovations de rupture qui remettent en question les modèles économiques». Ils rejoignent là l'analyse de Michel Volle. Ce modèle, mis en place pour la filière aérospatiale/défense, avec le hub numérique aéronautique européen BoostAerospace, peut être mis en œuvre dans d'autres secteurs industriels majeurs.

Développer les PME implique qu'elles puissent trouver les financements nécessaires auprès d'un système financier qui a, jusqu'à présent, privilégié les risques de marchés, plutôt que les risques sur les entreprises de proximité. Favoriser le développement des PME implique aussi de détricoter, de simplifier les innombrables couches sédimentaires, réglementaires, qui régentent notre système social. Les mentalités devront changer, notamment à Bercy et parmi les classes dirigeantes, qui n'ont eu que trop tendance à privilégier les grands groupes, le système financier et la grande distribution. Au détriment de toute cette *middle class*, que sont les PME, commerçants, artisans, travailleurs indépendants, professions libérales, sans parler des épargnants. C'est sur elle que l'on fait de plus en plus peser le poids des prélèvements sociaux et fiscaux.

Pas de réindustrialisation sans une remise à plat de la fiscalité et des circuits de l'épargne. C'est un sujet éminemment sensible, tant les lobbies sont prompts à réagir. Pourtant, si l'on veut enrayer notre déclin, il faut non seulement relocaliser des emplois à valeur ajoutée, mais aussi retrouver un minimum de matière fiscale et reprendre en main une partie au moins des circuits de transformation de l'épargne. La France connaît un sous-investissement majeur de son outil industriel: 30 milliards d'euros par an, depuis dix ans, soit 300 milliards. C'est pour le moins paradoxal, puisque nous avons l'un des taux d'épargne les plus élevés du monde : 16 % du revenu annuel moyen des ménages. Le montant de la seule assurance-vie est de 1 360 milliards d'euros. Or cet argent n'a pas été investi directement dans l'économie réelle et le tissu entrepreneurial. Mais dans les innombrables produits financiers qu'une économie de la dette et une philosophie de la plus-value à court terme ont engendrés. Sous l'influence des Anglo-Saxons, la fiscalité des États a, en effet, privilégié la plus-value sur le revenu, le *trading* à court terme sur l'investissement long terme, le LBO à base de dettes plutôt que le capital- risque. Une fiscalité inspirée par et pour le système financier. Si l'on veut privilégier le long terme, favoriser l'émergence de PME, il faut changer de priorités. Les PME ont besoin de trouver des fonds propres. Sans doute faudra-t-il davantage taxer les LBO, pour mieux exonérer le capital-risque, dès lors que celui-ci est investi à long terme. Plus la plus-value est rapide, plus l'impôt doit la pénaliser. Ce n'est qu'à ce prix que l'on changera les mentalités, les mœurs, et que l'investissement de long terme retrouvera droit de cité.

La mondialisation, la libre circulation des capitaux se sont accompagnées d'une optimisation fiscale. En clair, plus les groupes étaient grands, plus ils étaient globalisés, et mieux ils étaient armés pour payer le minimum d'impôts. Cette évaporation de la matière fiscale touche tous les pays occidentaux, contraints de se livrer eux-mêmes à une surenchère auprès des multinationales pour quémander un peu d'activité. Ce capitalisme de la plus-value et du court-termisme s'est traduit par un sous-investissement dans les pays occidentaux et un endettement des États pour compenser les déficits commerciaux, les moins-values fiscales, et assurer un maintien des systèmes de protection sociale. On n'évitera pas le débat sur la fiscalité des multinationales. On a vu ce qu'il en était aux États-Unis. Il en va de même en France. Les profits des entreprises du CAC 40 ne sont taxés en moyenne qu'à 8 %. Soit, à quelque chose près, le même pourcentage qu'aux États-Unis. L'écart est grand avec le taux facial de l'impôt sur les sociétés, de 33,3 %, et même avec le taux réel qui, compte tenu des multiples niches fiscales, n'est en réalité que de 22 % en moyenne. Sur trois ans (2007-2009), les entreprises du CAC 40 ont payé au total 10 milliards d'euros d'impôts net. Soit une moyenne de 86 millions d'euros par an, représentant 0,4 % du chiffre d'affaires. À comparer avec le taux moyen d'imposition des PME de moins de 5 millions d'euros qui étaient, en 2009, de 3,16 % du chiffre d'affaires. Au sein du CAC 40, Total, qui déclare les plus importants bénéfices (10 milliards en 2010), ne paie aucun impôt en France. Ses raffineries installées sur son territoire étant toutes en perte, ses activités françaises ne dégagent pas de bénéfices. Les experts savent que tout l'art des multinationales consiste à jouer sur les prix de transfert, la localisation des *management fees*, ou la rémunération des marques dans les paradis fiscaux. Bref, à organiser l'évaporation fiscale. Danone ne paie pas d'impôts parce qu'elle peut déduire de ses bénéfices le montant des emprunts contractés pour acquérir Numico en 2007. On trouve là une explication de la propension des groupes français à racheter des entreprises étrangères en empruntant, plutôt que d'installer des usines à l'étranger. L'impôt sur les sociétés, reconnaissait

François Baroin, lorsqu'il était ministre du Budget, est devenu « un impôt peau de chagrin ».

Comment faire en sorte que les grands groupes paient, ne serait-ce qu'un minimum ? Pourquoi ne pas reprendre une idée étudiée aux États-Unis : celle d'une Corporate Activity Tax, basée sur le chiffre d'affaires réalisé sur le marché français ? Une CAT, à valoir sur l'IS, et qui pourrait même être minorée en fonction des investissements réellement réalisés en France. Il y a un peu plus de trente ans, lorsque René Monory était ministre de l'Économie, avec un directeur de cabinet qui s'appelait Michel Pébereau, il fut inventé l'imposition forfaitaire annuelle. L'IFA, dont le barème était proportionnel au chiffre d'affaires, avait un objectif : obliger les PME, commerçants et autres, à être vertueux. C'est-à-dire à avoir une comptabilité correcte, et à déclarer des bénéfices. L'IFA était une avance à valoir sur l'IS, perdue si l'entreprise était en perte deux années de suite. Pour les grandes entreprises, l'IFA était plafonnée et donc insignifiante : ses dirigeants en ignoraient même l'existence. Pour les PME, c'était une autre affaire ! Nicolas Sarkozy l'a supprimée. Pourquoi ne pas en reprendre le principe… pour les multinationales, afin de les amener à être un peu plus vertueuses ? Cette taxe sur le chiffre d'affaires, à valoir sur l'IS, qui pourrait être de 5 %, permettrait de récupérer un peu d'argent auprès des multinationales qui ont perdu l'habitude de payer quelque impôt que ce soit en France.

Non seulement nous avons une évaporation de l'IS, mais nous allons avoir une attrition de la TVA, à cause d'Internet et du commerce en ligne. Le client paye par carte bleue, hors de France, et même souvent hors d'Europe. La TVA est parfois oubliée. Le particulier ne regarde pas le détail de la facture. Quant à l'entreprise, elle se lasse de réclamer des factures avec TVA, à Singapour, Jersey ou ailleurs. Certes, cela concerne plutôt des petits achats. Mais le mouvement peut prendre de l'ampleur. Il va donc falloir réfléchir à l'implication des banques et des émetteurs de cartes de crédit dans cette nouvelle évasion fiscale qui se profile : puisque le paiement transite par eux, ils pourraient être responsables de l'acquittement de la TVA. Sur le modèle de cette taxe dite Google que l'on cherche à installer sur la publicité en ligne. Il faudra bien trouver un moyen de faire payer la TVA, dans le pays où se trouve le consommateur, plutôt que dans ces paradis fiscaux que sont le Luxembourg ou l'Irlande, où se sont installés les géants du numérique. Sait-on que Google, grâce à ses montages financiers, entre l'Irlande, les Pays-Bas et les Bermudes, n'est imposé qu'à hauteur de 2,4 % sur toutes ses activités hors États-Unis ?

La bataille sera rude. À Bruxelles et ailleurs. Tout comme elle le sera pour l'instauration d'une taxe carbone aux frontières de l'Europe. Une idée déjà évoquée, il y a trois ans, dans *La Crise Globale*, plus que jamais d'actualité, car elle s'inscrit dans la lutte contre le changement climatique. Les technologies informatiques permettent aujourd'hui de tracer n'importe quel produit et de déterminer l'empreinte carbone que sa fabrication, son emballage et son transport ont générée. Le milliard de conteneurs qui sillonnent le monde chaque année ont tous une puce. Et à l'intérieur du conteneur, chaque colis en a également une. Pourquoi ? Pour suivre à la trace les marchandises volées, qui représentent 25 milliards de dollars par an. Une petite société française est à la pointe de cette technologie. Pourquoi ne pas investir dans cette traçabilité, définir des normes et une taxation pour les produits qui les dépasseraient ? Cela vaudrait mieux que le marché des droits à polluer, où le pollueur s'exonère de ses obligations en rachetant aux États vertueux le droit d'empoisonner la planète. Cette taxe carbone serait perçue sur le lieu d'arrivée du produit en Europe. Et répartie ensuite entre les États européens, afin qu'ils l'affectent en priorité à leur désendettement.

Arnaud Montebourg, dans son livre *Votez la démondialisation*, raconte que Pascal Lamy, directeur général de l'OMC, a reconnu que dans le traité fondateur de cette organisation, la préservation de l'environnement était l'un des rares motifs autorisant les États à limiter le libre échange. Deux articles de l'accord permettent des dérogations à l'ouverture des frontières, dans « des circonstances exceptionnelles ». La lutte contre le changement climatique en est une. « *La protection de la santé de la vie des personnes et des animaux, ou la préservation des végétaux et la conservation des ressources naturelles épuisables* » en sont une autre. Une bonne base de départ pour engager la négociation sur la taxe carbone.

Autre mesure qu'il faut continuer de pousser au niveau européen : celle d'une taxe sur les transactions financières. Le principe en est acquis. Le montant (0,1 % pour transactions sur actions et obligations et 0,01 % pour les produits dérivés) n'est-il pas trop faible pour décourager le *trading* sur tout et n'importe quoi ? La France tente de faire prévaloir, au sein du G20, une nécessaire régulation sur les marchés des changes et surtout des matières premières. Si l'on veut freiner la spéculation, il faut la taxer.

Voire l'interdire. Il n'y a pas d'autres moyens. Si les allers-retours coûtent beaucoup plus cher, il y en aura moins. On pourra ainsi espérer dégonfler certaines bulles et redonner la main aux vrais acteurs de marché que sont les producteurs et les consommateurs.

C'est dire qu'une véritable réforme fiscale ne saurait se contenter de mesures concernant les seuls ménages. Elle doit être globale et concerner tous les acteurs, quels qu'ils soient. La suppression de l'ISF s'impose. Mais elle doit avoir des contreparties. Sans doute avec une tranche supérieure pour l'impôt sur le revenu et la suppression de niches fiscales souvent scandaleuses. Le prochain président osera-t-il s'attaquer à la loi Girardin, anciennement loi Pons, qui a permis à 12 000 des plus gros contribuables de récupérer, en 2009, 767 millions d'euros de crédits d'impôt grâce à leurs investissements outre-mer ? Faut-il revoir les taux de TVA, relever notamment celle sur les restaurants ? Créer un barème spécial pour les produits de luxe ? Et transférer, des entreprises vers l'État, le financement des allocations familiales ? Pourquoi pas ? Mais il ne faut jamais oublier qu'une réforme fiscale réussie est celle qui allie simplicité et équité. Chacun doit faire des sacrifices et il ne doit pas avoir le sentiment d'être le seul à en faire.

L'argent est bien le nerf de la guerre. Face à un État exsangue, endetté, comment trouver les ressources nécessaires pour accompagner une stratégie, favoriser les investissements productifs[105] ?

---

105. On estime à 40 milliards d'euros par an la somme nécessaire pour désendetter l'État (20 milliards) et lui redonner une capacité d'investissements à long terme (20 milliards). Soit 2 % du PIB. À comparer également avec les recettes fiscales brutes de l'État : 350 milliards d'euros.

Les banques? Il ne faut pas trop compter sur elles. Elles ont leurs propres problèmes. Les grandes entreprises non financières du Cac 40 l'ont bien compris, puisqu'elles créent leur établissement financier, *Corporate Funding Association*, afin de lever directement les capitaux dont elles ont besoin. Il y a Oseo pour les PME, le FSI, mais leurs capacités sont loin d'être suffisantes.

Reste l'épargne des ménages. À commencer par celle qui s'est réfugiée dans l'assurance-vie (1 360 milliards d'euros). En donnant à la finance le quasi-monopole de la transformation de l'épargne, l'État s'est privé d'un outil majeur. Il y a dix ans, la dette publique française était détenue à 70 % par des résidents. Aujourd'hui, elle l'est à 65 % par des non-résidents. En fait, le système financier a placé notre épargne aux quatre coins du monde, y compris dans des obligations grecques, portugaises ou autres. En contrepartie, il vend de la dette française aux investisseurs internationaux. Nous mettant, comme tous les autres États, sous leur dépendance.

Il est impératif d'inverser ce mouvement. D'abord, parce qu'il y a aujourd'hui une contradiction. On ne peut, comme le veulent les États, réduire la volatilité des marchés, le poids et le pouvoir de la finance, sans leur retirer une partie de leur matière première : l'argent des autres. Ensuite, parce qu'il faut à tout prix préserver le capital des épargnants. Nous en avons tous vraiment besoin pour le futur. Or les derniers développements de la crise financière montrent que même les placements jugés les plus sûrs comportent aujourd'hui un risque de pertes. Enfin, parce qu'il vaut mieux, à terme, que la dette française soit détenue pour l'essentiel par les Français. L'émission directe par l'État d'OAT perpétuelles, qui se substitueraient pour partie aux OAT anciennes, au fur et à mesure de leurs remboursements, serait un moyen de se soustraire peu à peu à la dictature des marchés et des agences de notation. Il conviendrait également de pousser à la création d'une agence française, à l'image de ce que les Chinois ont fait.

Comment expliquer que ces fameux marchés ne s'attaquent pas au Japon, dont la dette publique s'élève à 220 % du PIB (contre 85 % pour la France, qui est dans la moyenne de la zone euro) ? Tout simplement, parce que l'épargne japonaise finance directement la dette publique du pays, à travers la Banque postale. Si la Grèce, l'Irlande, mais aussi l'Espagne et le Portugal, sont dans le collimateur, ce n'est pas seulement en raison du niveau démesuré de leur dette publique, mais aussi parce que leur patrimoine financier et leur taux d'épargne sont trop faibles par rapport à l'endettement global.

Ce n'est pas le cas de la France. Le seul patrimoine financier (hors immobilier) des ménages est évalué à 3 320 milliards d'euros, dont 1 360 pour l'assurance-vie. Celui de l'État (toujours hors immobilier) se chiffre à 850 milliards d'euros. Soit un total d'actifs pour la maison France (hors entreprises) de 4 170 milliards. Face à cela, la dette des ménages est de 1 000 milliards, dont les trois quarts de crédits immobiliers. Et celle de l'État de 1 600 milliards. Nous avons donc un solde largement positif.

Cette épargne est, dans la crise actuelle, un des atouts majeurs de notre pays. C'est elle qui peut nous permettre de rebondir. À condition de l'utiliser à bon escient. Il est donc urgent de la réorienter en fonction des besoins du pays, de la sécuriser, et de ne pas refaire les erreurs de la première globalisation [106]. Pourquoi ne pas commencer en émettant des OAT perpétuelles ? Avec un taux tournant autour de 4,5 % (on peut aussi en émettre avec une indexation sur l'inflation). « *Mais cela va coûter une fortune !* », nous dira-t-on. La France n'émet-elle pas aujourd'hui des OAT à dix ans à 3,30 % ? Certes, mais cela risque de ne pas durer : les taux vont monter. En outre, sur les 4,5 % versés chaque année, environ 1,5 % seraient prélevés à la source pour la CSG et l'impôt (y compris pour les détenteurs non résidents). Alors qu'actuellement on ne sait pas très bien où vont les coupons, sinon dans le tonneau des Danaïdes des financiers. Ajoutons que les 3 % restants seraient réinjectés directement dans l'économie. On pourrait également décliner ces OAT perpétuelles, les assortir d'avantages fiscaux particuliers. « *Pour les placer directement auprès des épargnants, il faudra verser d'importantes commissions de placement aux banques* », objectera-t-on. Cela se négocie. Nul doute que la Banque postale et les réseaux mutualistes se feraient un devoir de proposer à d'excellentes conditions un produit qui concilierait l'intérêt national et celui de leurs clients épargnants. Le lobby financier poussera des cris d'orfraie. Bercy et le SVT (service des valeurs du Trésor), qui ont fait un remarquable travail pour internationaliser la dette publique, auront peut-être du mal à accepter cette nouvelle stratégie. Tant pis ! Ils doivent accepter que les idées les plus simples ne sont pas forcément les plus simplistes. Et

---

106. Au lendemain de la guerre, les deux tiers de l'épargne française investie à l'étranger avaient disparu. À commencer, bien sûr, par les emprunts russes.

que le bon sens commande, pour un pays, de financer en priorité sa dette par son épargne.

Une partie de cette épargne nationale pourrait également être réorientée vers l'investissement pour le futur et le capital de nos entreprises, à commencer par celui des grands groupes. La fiscalité doit refléter la stratégie d'un pays, ses valeurs. On ne peut pas prôner le retour à une vision à long terme, fondée sur l'investissement et la stabilité des actionnariats, en conservant une fiscalité qui privilégie les plus-values à court terme. Notamment celles des entreprises. L'impôt sur les plus-values doit être dégressif. Très élevé pour le très court terme. À taux nul pour une cession à long terme. Si l'on veut que l'épargne s'oriente vers les entreprises, il faudra résister à la tentation de taxer encore plus les revenus du capital, c'est-à-dire les dividendes. Au moins jusqu'à un certain plafond. Et résoudre ce paradoxe, qui n'est pas propre à la France, qui veut que les contribuables nationaux soient systématiquement plus maltraités que les étrangers.

Toute stratégie à long terme doit se fixer des priorités. Si la France ne saurait être présente sur tous les secteurs, il en est quelques-uns de vitaux. L'énergie bien sûr. L'Allemagne mise sur les énergies renouvelables. Nous devons également y être présents. Mais il nous faut mettre les bouchées doubles sur la recherche dans la prochaine génération du nucléaire : celle qui dans un demi-siècle relancera véritablement la filière. Nous ne devons pas abandonner les gaz de schiste. Et travailler sur les moyens de résoudre les problèmes environnementaux que pose leur exploitation. Autre chantier mondial, celui des économies d'énergie, qui passe par une meilleure maîtrise des techniques de construction. Cela tombe bien, car il nous faut faire un effort massif pour le logement.

Il manque environ un million de logements en France : logements sociaux, habitations d'urgence pour les SDF, mais aussi appartements pour la classe moyenne qui ne peut plus payer les prix des grandes villes, et ne souhaite pas se retrouver en lointaine banlieue, avec trois heures de transport par jour. Le logement est devenu le premier facteur d'exclusion en France. Ce qui accroît les tensions sociales et participe au sentiment de paupérisation. Le ménage allemand y consacre, en moyenne, 20 % de ses revenus. Le ménage français plus de 30 %. L'immobilier est trop cher, parce que trop rare. On ne construit plus, depuis des années, que 350 000 logements par an, alors qu'il en faudrait au minimum 500 000. L'immobilier est également devenu trop cher en raison de la hausse démesurée des différentes composantes de son prix. Sur dix ans, les coûts de revient et les prix de vente ont augmenté de 100 %. Des coûts considérablement alourdis depuis une décennie par la multiplication des recours et un principe de précaution poussé jusqu'à l'absurde. Les délais entre le dépôt d'un permis de construire et la fin d'un chantier sont désormais de quatre ans. Quinze pour cent des permis sont attaqués. Les deux tiers des recours débouchent sur des transactions financières. L'accumulation des diagnostics (sismique, termite et thermique, plomb, ascenseur, etc.) et autres nouvelles normes, comme celles pour les handicapés ou les ascenseurs, renchérissent également les opérations immobilières, tant dans le neuf que dans l'ancien. Tout cela se retrouve, bien évidemment, dans les prix.

Le marché privé a été également perverti ces dernières années par les usines à gaz fiscales, qui ont transformé la pierre en un produit financier. Sur les 120000 logements privés en immeuble collectif construits annuellement, 70 % étaient vendus comme un produit défiscalisé à travers les lois Besson, puis Scellier. Cela a certes permis aux promoteurs de vendre et de préserver la marge des réseaux de commercialisation, mais a largement contribué à la hausse des prix. L'avantage fiscal étant, en fait, récupéré par le promoteur qui majorait ainsi ses prix d'environ 20 %. Des logements construits là où il y avait du foncier, mais pas forcément de réels besoins. Compte tenu des prix de vente, les loyers sont souvent trop élevés pour le pouvoir d'achat des candidats. Un vrai marché de dupes pour tout le monde : propriétaires comme locataires ! À cela s'ajoute la disparition du parc traditionnel des institutionnels qui, pour externaliser leurs plus-values avec un taux minimum d'imposition, ont vendu massivement « à la découpe » au cours des dix dernières années. Enfin, le marché de la location dans l'ancien est également en train de se geler, les prix ayant subi la même ascension que ceux du neuf. Ce qui chasse, de plus en plus loin des centres-villes, les classes moyennes.

Autre erreur : avoir voulu faire de chaque Français un propriétaire. Nous avions commencé à copier le marché américain des *subprimes* et autres crédits hypothécaires en poussant des familles à faibles revenus à se surendetter pour acheter un logement. Or tel n'est pas le rôle d'un gouvernement. Sa responsabilité est de permettre à tout Français d'avoir un logement décent en fonction de ses moyens. Cela peut passer par l'accession, comme par la location.

D'autant que le maître mot de la prochaine décennie sera la mobilité. Ce qui implique une grande souplesse dans l'approche du marché, souvent incompatible avec la politique des banques qui privilégient d'abord le paiement des intérêts par rapport au remboursement du capital.

Bercy a, là aussi, une lourde responsabilité dans cette dérive. Cette institution n'aime pas les petits et préfère les gros. Il est vrai que le lobby des petits propriétaires bailleurs n'a pas le même poids que celui des grands promoteurs et autres foncières et assureurs. Tout comme les associations de petits épargnants pèsent peu par rapport au lobby financier. Voilà pourquoi nous avons une fiscalité à deux vitesses. Haro sur le petit investisseur ! Or c'est lui qui, dans l'immobilier comme ailleurs, pourra faire la différence et permettre une véritable relance de l'économie. L'objectif principal d'une politique du logement doit être de faire baisser les prix de l'immobilier dans le neuf et par ricochet dans l'ancien. Cela passe par une augmentation de l'offre et des mesures pour abaisser les prix et les délais de construction.

La question du foncier se pose surtout dans le centre des grandes villes. Des collectivités, des sociétés d'économie mixte doivent récupérer les mètres carrés d'institutions publiques, comme RFF (réseau ferré de France), pour leur valeur au bilan, ou à travers des baux emphytéotiques. Il est anormal que RFF vende au prix fort, pour des bureaux, des surfaces en centre-ville. La nécessaire rénovation de ses installations ferroviaires doit se financer autrement. Des logements sociaux sont à prévoir dans ces opérations sur terrains publics, mais il faut surtout que les sociétés de HLM gèrent mieux leur parc (il y a un taux de vacance de 10 % sur les 7,5 millions de logements sociaux) et investissent leur trésorerie.

Enfin, il faut redéployer les aides et les incitations fiscales. Pourquoi ne pas inciter les institutionnels – assurances, caisses de retraite… – à consacrer une part de leurs actifs dans ce secteur ? Faute de quoi, ils ne seraient plus éligibles aux aides de l'État. Les investisseurs individuels seraient prêts, eux aussi, à revenir dans la pierre et à pratiquer des loyers raisonnables. À trois conditions : que les prix baissent ; que la fiscalité des revenus fonciers ne soit plus aussi pénalisante ; qu'ils soient plus efficacement protégés contre les impayés et les locataires de mauvaise foi. L'immobilier a toujours été une composante majeure de la croissance et de l'emploi. Derrière une maison, un appartement, une tour, il y a toute une filière, qui ne demande qu'à se développer et à innover : matériaux de construction, économies d'énergie, domotique, architecture, design d'intérieur, etc. Pourquoi ne pas lancer un vaste programme d'utilisation du chanvre dans la construction ? Sa culture est écologique, facile, et elle assurerait aux agriculteurs un revenu récurrent. C'est un matériau aussi solide que le béton et un isolant remarquable. Le logement est un élément clé de cette qualité de l'environnement, qui guide de plus en plus les entreprises dans leurs choix de localisation. C'est par une politique dynamique du logement – un véritable plan Marshall – que l'on redonnera confiance aux Français et que ce sujet cessera d'être aussi anxiogène pour des millions de ménages.

Il est une troisième filière que nous devons préserver et développer à tout prix : celle de l'aéronautique, de l'espace et des industries de défense.

Traditionnellement, un de nos points forts. Rester un des leaders mondiaux dans ce domaine implique d'avoir un outil de défense digne de ce nom. L'un ne va pas sans l'autre. Depuis un demi-siècle, la France est restée une grande puissance, parce qu'elle avait une force de dissuasion et une capacité militaire surdimensionnée par rapport à sa démographie et à son poids économique réel. Ce sont – pourquoi le cacher ? – les exportations d'armement et tout ce qui les accompagnait qui lui ont permis, pendant des décennies, d'avoir des balances commerciales équilibrées voire excédentaires. Et d'exercer, grâce à sa présence technologique aux quatre coins du monde une réelle influence. C'est tout cela qui est en train de s'effriter. Voulons-nous conserver la force de frappe ? Cette arme de dissuasion du faible au fort est aussi devenue l'arme du fort au faible. C'est elle qui nous protégera contre les délires qui pourraient saisir tel ou tel pays du Proche-Orient, ou d'ailleurs. Encore faut-il la maintenir en l'état, ce qui a un coût. Pouvons-nous nous passer d'une armée opérationnelle, capable de se déployer simultanément sur plusieurs théâtres d'opérations ?

On a vu avec l'Afghanistan et la Libye les limites de l'armée française. Nous avons un demi-porte-avions, quelques dizaines d'avions de combat réellement opérationnels. Qu'adviendrait-il face à un véritable adversaire ? Mieux vaut ne pas y penser. Mince consolation : nous sommes le borgne au royaume des aveugles européens. Même l'armée britannique est en piteux état. Inutile d'évoquer les autres ! L'Europe est incapable de se défendre. Or il n'est pas d'exemple dans l'histoire de l'humanité qu'un pays, une région, désarmés, ne soient l'objet d'une tentative de prédation. On peut rêver d'un monde où les hommes ne se feraient plus la guerre. Mais le meilleur moyen de l'éviter, c'est d'y être préparé. L'Allemagne a fait une croix sur son outil de défense. Respectons son choix. Mais il faut alors que quelqu'un assume la défense de l'Europe à sa place. La France – avec la Grande-Bretagne et, pourquoi pas, l'Italie – peut prendre en charge cet aspect essentiel de la souveraineté collective. À condition d'en partager les dépenses. À condition également que les quelques pourcents du PIB que nous consacrerons à cette défense partagée ne soient pas comptabilisés dans les fameux critères de Maastricht.

L'Europe ne saurait avoir de vision géostratégique sans un outil de défense performant et opérationnel. Une Europe qui se trouve confrontée à deux défis géopolitiques : à l'est et au sud. Avec la Russie, la Turquie, et les pays du Maghreb. L'idéal serait de fusionner deux idées : la première, qui fut celle du général de Gaulle, l'Europe de l'Atlantique à l'Oural ; la seconde, celle de l'euroméditerranéen. On en revient, là encore, au couple franco-allemand. L'Allemagne a une vocation naturelle à développer ses liens avec la Russie. Mais elle doit le faire dans le cadre d'une vision commune à l'Europe. Et y associer notamment la France. La France a une vocation naturelle à développer ses liens avec le sud de la Méditerranée. Elle doit y associer ses partenaires, en particulier l'Allemagne.

Nous avons une fenêtre historique pour poser les bases d'une autre mondialisation. Une économie-monde, organisée autour de grands espaces régionaux, ouverts à la libre circulation à l'intérieur, mais avec des échanges extérieurs régulés. Le temps d'accoucher de nouvelles règles du jeu, monétaires, fiscales, sociales, environnementales. La responsabilité de dirigeants politiques, quels qu'ils soient, est d'abord de privilégier le bien-être de populations dont ils sont les représentants. C'est ensuite d'assurer le développement de celles qui sont à sa périphérie. C'est de l'intérêt bien compris. Il faut aider les Russes à sortir peu à peu de leur économie oligarchique. Il faut, aussi et surtout, faire en sorte que les jeunes au Maghreb, en Égypte et ailleurs, aient des perspectives d'emplois. Sinon... Nos multinationales, nos entreprises feraient mieux d'aller investir là-bas, plutôt qu'à l'autre bout du monde. Ce n'est peut-être pas leur intérêt à court terme, c'est en tout cas celui, à long terme, de la collectivité.

La crise «*a dévasté l'économie mondiale et causé une misère et des souffrances dans le monde entier*», reconnaissait, il y a quelques semaines, avant l'épisode du Sofitel, devant les étudiants de la Georgetown University, l'ancien directeur général du FMI, Dominique Strauss-Kahn[107]. Mais, ajoutait-il, «*elle a fait bien plus, elle a aussi sapé les fondements intellectuels de l'ordre économique mondial du dernier quart de siècle*».

Comme en écho, Henri Guaino[108], le conseiller spécial de Nicolas Sarkozy, ne dit pas autre chose: «*La crise a démontré une fois de plus que sans règles, sans des États capables de s'opposer à sa puissance, l'argent devient fou et détruit l'économie et la société [...] L'État reste la seule force opposable à tous les déterminismes, ethniques, économiques, financiers*

107. *Le Figaro*, 26 avril 2011.
108. *Marianne*, 2 juillet 2011.

naturels...» Ce que ne conteste pas Dominique Strauss-Kahn, pour qui «*la conception d'un nouvel ordre macroéconomique pour le monde d'aujourd'hui exige que la main passe – au moins dans une certaine mesure – du marché à l'État*».

Tous ceux qui, à gauche comme à droite, n'ont pas compris qu'il y avait urgence, que le problème ne se limitait pas, bien entendu, à la France, devraient méditer ces constats. Tout comme ils feraient bien de relire Maurice Allais, seul Prix Nobel français d'économie, qui avait anticipé, depuis longtemps, la crise d'une économie reposant sur de «gigantesques pyramides de dettes». Ce solitaire, fervent défenseur de l'économie de marché, était aussi un adepte de la justice sociale. Pourfendeur de la «politique mondialiste libre-échangiste, cette doctrine simpliste», il fut mis à l'index par tous ceux – à gauche comme à droite, libéraux comme sociaux-démocrates – pour qui il n'y avait pas d'autres politiques possibles. Or «*nous devons proclamer,* disait-il en 1991[109], *qu'un droit fondamental de l'homme, c'est d'être protégé efficacement contre un fonctionnement inéquitable, sinon malhonnête, de l'économie de marché*». C'est aussi cela l'autre mondialisation, la seule voie pour éviter que la seconde globalisation que nous sommes en train de vivre ne se termine comme la première... par une guerre.

109. *Haute Finance*, automne 1991.

TABLE

DEUXIÈME PARTIE
LA DÉCEPTION OBAMA

TROISIÈME PARTIE
THE RICH AND THE REST

QUATRIÈME PARTIE
L'ALLEMAGNE : PETITE CHINE
OU GRANDE SUISSE ?

CINQUIÈME PARTIE
UNE AUTRE MONDIALISATION

François Bourin Éditeur
Dernières parutions

Isabelle Alexis, *Brèves de filles*
Gonçalo Amaral, *Maddie, l'enquête interdite*
Farid Ameur, *La Guerre de Sécession*
Laurent Baraou, Monsieur Septime, *La Face cachée du vin*
Maurice Barrès, *Le Voyage de Sparte*
Annie Batlle, Isabelle Germain, Jeanne Tardieu,
Le Dictionnaire iconoclaste du féminin
Olivier Beaunay, *Emploi, mode d'emploi*
Albert Bensoussan, *Ce que je sais de Vargas Llosa*
Abdenour Bidar, *L'Islam face à la mort de Dieu*
Blancafort, *Les Blablas du bling-bling*
Serge Blanchard, *Notre avenir dépend d'eux*
Gérald Bloncourt, *Peuples de gauche*
Jacques-Olivier Boudon, *Les Habits neufs de Napoléon*
Francis Brochet, *Inventaire après rupture*
Gaël Brustier, Jean-Philippe Huelin,
Recherche le peuple désespérément
Thomas Cantaloube, *Les États-Désunis d'Obama*
Dimitri Casali, Antoine Auger,
Les 1001 Faits insolites de l'Histoire
Philippe Chalmin,
– *Le monde a faim*
– *Le Siècle de Jules*
Philippe Chalmin, Alessandro Giraudo,
Au temps des comptoirs
Philippe Chevallier, *Être soi*
Francis Chevrier, *Notre gastronomie est une culture*
Pasteur François Clavairoly, Grand rabbin Haïm Korsia,
Paroles d'alliance
Bertrand Collomb, Michel Drancourt,
Plaidoyer pour l'entreprise
Barthélémy Courmont, *L'Après-Ben Laden*
Simon Critchley, *Les philosophes meurent aussi*
Jean-Marc Daniel, *Le Socialisme de l'excellence*
Nicolas Deliez, Julien Mignot, *Le Cannibale de Rouen*
Chantal Delsol, *Penser le présent*

Renaud DÉLY,
– *Besancenot, l'idiot utile du sarkozysme*
– *Brèves de football*
Frédéric DENHEZ, *La Fabrique de nos peurs*
Nicolas DOUCERAIN, *Ma petite entreprise a connu la crise*
Mohamed DOUHANE, *Les Tabous de la police*
Gyaltsen DRÖLKAR, *L'Insoumise de Lhassa*
Bernard-Marie DUPONT,
D'un prétendu droit de mourir par humanité
Catherine DURANDIN,
– (avec la participation de Guy HOEDTS),
La Mort des Ceausescu
– *Que veut la Russie ?*
Isabelle EBERHARDT, *Notes de route*
Gustave FLAUBERT, Maxime DU CAMP,
Par les champs et par les grèves
Georges FLEURY,
– *Roland Garros*
– *Nous, les combattants d'Algérie*
– *Nous, les combattants d'Indochine*
Jean-Pierre FLEURY, *Le Bestiaire insolite*
Michel FOUCHER, *La Bataille des cartes*
Antoinette FOUQUE, *Qui êtes-vous, Antoinette Fouque ?*,
entretiens avec Christophe Bourseiller
Jean-Christophe FROMANTIN,
Mon village dans un monde global
Gilles FUMEY, *Les Radis d'Ouzbékistan*
Samuele FURFARI, *Dieu, l'Homme et la Nature*
Christian GAMBOTTI,
– *Nouvelles Brèves de pouvoir*
– *Plaidoyer pour Sarkozy*
Tristan GARCIA, *Nous, animaux et humains*
Yvon GATTAZ,
– *La Seconde Vie*
– *Les ETI*
Théophile GAUTIER, *Zigzags en France*
Charles GAVE,
– *Libéral mais non coupable*
– *L'État est mort, vive l'état !*

François GERBER, *De l'inutilité du juge d'instruction*
Gaëlle GUERNALEC-LEVY, *Appartement 24*
Christophe GUILLUY, *Fractures françaises*
Christian P. GURY,
L'Apprentissage, une autre manière de réussir
Docteur GY, *Comment faire des enfants heureux*
Victor HUGO, *Le Rhin, lettres à un ami*
Denis HUISMAN, André VERGEZ,
La Philosophie sans complexe (coédition Hugo & Cie)
Jean-Philippe IMMARIGEON,
– *L'imposture américaine*
– *La Diagonale de la défaite*
Emmanuel JAFFELIN, *Éloge de la gentillesse*
Guillaume JAN, *Le Baobab de Stanley*
Ganaël JOFFO, *Ma princesse au petit poids*
Christophe JUAREZ, *France, ton vin est dans le rouge*
Bernard KANOVITCH, *Itinéraire d'un Juif français*
Frédéric KARPYTA, *La Face cachée du commerce équitable*
Paola de LA BAUME, Emmanuel GIANNESINI,
Dictionnaire impertinent du politique
Pierre LASSUS, *La Violence en héritage*
Éric LE BRAZ, *Géographie d'une presqu'île*
Emmanuel LEMIEUX, *L'Annuel des idées*
Stéphane LENEUF, *Le Goût du pouvoir*
Didier LONG, *Capitalisme et christianisme*
Pierre LOTI, *La Mort de Philæ*
Michel MAFFESOLI, *Qui êtes-vous, Michel Maffesoli ?*,
entretiens avec Christophe Bourseiller
Sozerko MALSAGOV, Nikolaï KISSELEV-GROMOV,
Aux origines du goulag
Olivier MARION, *Louis XVI a perdu la tête*
Yves MICHAUD, *Qu'est-ce que le mérite ?*
Julien MIGNOT, *Tu ne me battras plus*
Roland MOREAU, *L'immortalité est pour demain*
Edgar MORIN, *Ma gauche*
Gyuri NEMES, François de WITT,
Votre argent a besoin de vous
Pierre D'ORNANO, Denis BACHELOT, *Survivre à la crise*
Paul-François PAOLI, *La Tyrannie de la faiblesse*

Denise PARANÁ, *Lula, l'enfant du Brésil*
Anne PEZET, *Ces malades qu'on sacrifie*
Valérie PIAU, *Les Droits des élèves*
Serge REYNAUD,
- *Chroniques de la main courante*
- *Bonne nouvelle, c'est la police !*

Olivier ROLLER, Emmanuel LEMIEUX, *Une journée particulière*
Patrice ROMAIN,
- *Mots d'excuse*
- *Journal de bord d'un directeur d'école*

Christian SAINT-ETIENNE,
- *Guerre et Paix au XXIe siècle*
- *La Fin de l'euro*
- *L'État et votre argent*

Philippe-Joseph SALAZAR, *Paroles de leaders*
Marie-Pierre SAMITIER, *Au pied du mur*
Daniel Salvatore SCHIFFER, *Critique de la déraison pure*
Franck SPENGLER, *Brèves de sexe*
STENDHAL, *Voyage dans le midi de la France*
Pierre de TAILLAC, *Brèves de manifs*
Hippolyte TAINE, *Voyage aux Pyrénées*
Donald TRUMP, *Penser comme un champion*
Michel TURIN, *Profession escroc*
Laurence UBRICH,
- *Les Papys flingueurs*
- *Les Nouveaux Parents*

Philippe VAN EECKHOUT, Élisabeth PRICAZ,
Guide anti-contrefaçon
Arnaud VIVIANT, *Complètement mytho !*
Patrick VOILLOT,
- *La Malédiction du trésor des tsars*
- *Les Mystères du diamant bleu*

Charles WRIGHT, Dom Michel PASCAL,
À quoi servent les moines ?
Lijia ZHANG, *Vive le socialisme !*
Charles ZORGBIBE, *Paix et Guerres en Afrique*
- Tome 1 : *Un continent en dehors de l'Histoire ?*
- Tome 2 : *Les Chemins de l'Union africaine*

Salomé ZOURABICHVILI, *L'Exigence démocratique*

Achevé d'imprimer en septembre 2011
sur les presses du

Groupe Horizon

Parc d'activités de la plaine de Jouques
200, avenue de Coulin
F - 13420 Gémenos

Dépôt légal : septembre 2011
N° d'impression : 1108-061
Imprimé en France

ISBN 978-2-84941-257-2
752 379.5